前言

FOREWORD

乡村兴则国家兴。2017年10月，党的十九大报告第一次提出乡村振兴战略，报告特别强调农业农村农民问题是关系国计民生的根本性问题，必须始终把解决好“三农”问题作为全党工作的重中之重。全面贯彻落实乡村振兴战略，要坚持党管农村工作，坚持农业农村优先发展，坚持农民主体地位，坚持乡村全面振兴，坚持城乡融合发展，坚持人与自然和谐共生，坚持因地制宜、循序渐进。

乡村之治是中国之治不可分割的部分，也是极为重要的组成部分。在中国特色社会主义新时代，我国人民日益增长的美好生活需要和不平衡不充分的发展之间的矛盾在乡村最为突出，我国长期处于社会主义初级阶段的特点在农村表现尤为明显。加强农村基层治理研究，对解决我国农业农村发展不平衡、不充分的问题，持续巩固已有的脱贫攻坚成果，加快推进我国农业农村现代化，实现乡村振兴和共同富裕，为在21世纪中叶实现把我国建设成为富强、民主、文明、和谐、美丽的社会主义现代化强国，以及最终实现中华民族伟大复兴的宏伟目标，都具有重要的理论意义和实践意义。

《乡村振兴背景下农村治理实践创新研究》一书是2018年度四川省社科规划重点项目“乡村振兴背景下农村治理实践创新研究”（项目号SC18A016）的研究成果。基于前期对大量文献资料的收集整理和问卷设计等准备工作，研究团队在两年多的时间里，多次深入四川20余个乡村进行实地调研，获取一手资料，通过埋头写作和反复修改，该书进入出版阶段。

在研究过程中，研究团队始终坚持以马克思主义理论为指导，坚持理论联系实际的原则，力图解决好几个问题，并呈现出几个特点：

一是研究课题的重要性和紧迫性。习近平总书记在2021年2月3日至5日赴贵州看望慰问各族干部群众时发表讲话并强调，“基层强则国家强，基层安则天下安”。新时代，我国经济社会迅猛发展，改革开放向纵深拓展，脱贫攻坚取得决定性胜利。农村的发展呈现新势态，国家面临百年未有之大变局，民族复兴在望。时不我待，只争朝夕！在加快实现农业农村现代化以及全面实施乡村振兴战略的背景下，在坚持以人民为中心的根本原则前提下研究我国农村社会治理问题具有特殊而重大意义，直接关系着我国社会的安定、国家的富强、民族的复兴。

二是研究结构和主要内容的完整性。本书从研究缘起，研究意义，研究现状，农村社会治理的理论基础，我国农村治理方式的变迁，我国农村基层治理实践创新模式，我国农村基层治理实践创新的基本经验，我国农村基层治理实践创新的主要问题及原因分析，农村基层治理实践面临的新挑战、新目标、新要求和重点任务，农村基层治理实践创新路径选择等几个方面展开，既回顾历史，又立足当下、策划未来，研究结构完整。在研究内容方面，首先，侧重对农村社会治理的理论基础研究，主要从马克思恩格斯的农村社会治理思想、列宁的农村社会治理思想以及中国共产党人的农村社会治理思想三个方面进行研究，特别是对不同时期中国共产党人的农村社会治理思想进行梳理，为新时代研究乡村振兴战略背景下中国农村社会治理实践奠定了坚实的理论基础；其次，从历史纵向的角度，分期梳理我国农村治理方式的发展历程，总结并分析不同历史时期的农村治理政策，特别是新中国成立以来的农村治理政策，对于在新时代乡村振兴战略背景下研究我国农村基层社会治理创新路径具有基础性作用和历史借鉴意义；再次，从东部、中部和西部地区选取了我国农村基层治理的几种典型创新模式进行比较研究，重点对浙江诸暨市新时代“枫桥经验”、河南邓州市“四议两公开”工作法、湖北秭归县“一长八员”村民自治探索模式、黑龙江宝清县“四个三”农村基层

本书是四川省社会科学研究“十三五”规划重点项目
“乡村振兴战略下农村治理实践创新研究”
（批准号SC18A016）研究成果

乡村振兴背景下
农村治理实践创新研究

XIANGCUN ZHENXING BEIJINGXIA
NONGCUN ZHILI SHIJIAN CHUANGXIN YANJIU

舒永久　何　宇　颜怀坤　著

中国农业出版社
北　京

舒永久（1970.09— ），四川省安岳县人，中共党员。现任四川农业大学马克思主义学院教授，四川农业大学马克思主义理论一级学科负责人，马克思主义基本原理二级学科负责人，马克思主义理论硕士研究生导师，主要研究方向是马克思主义与现实研究。四川省学术和技术带头人后备人选，主持主研各级课题20多项，主编出版著作5部，公开发表学术论文50余篇。获四川省人民政府三等奖2项，获雅安市社科优秀成果二等奖1项、三等奖2项，获四川农业大学优秀教学成果一等奖1项、二等奖3项。

何宇（1984.06— ），四川省雅安市人，中共党员。现任四川农业大学马克思主义学院副教授，马克思主义理论硕士研究生导师，主要从事思想政治理论教学工作和马克思主义中国化理论研究。现任四川省科技助力乡村振兴促进会副秘书长、理事。主持和主研省部级课题15项，公开发表论文30余篇。获四川省人民政府三等奖1项、雅安市社科优秀成果三等奖1项、四川省决咨委优秀课题1项。

颜怀坤（1974.04— ），重庆奉节人，中共党员。现任四川农业大学马克思主义学院副教授，副院长，马克思主义理论硕士研究生导师，主要从事思想政治理论教学工作和马克思主义中国化理论研究。1997年毕业于四川师范大学思想政治教育专业，2004年获得马克思主义与思想政治教育硕士学位。主研国家课题2项，主持和主研省部级课题6项，在北大核心等刊物上发表学术论文10余篇。获四川省人民政府三等奖1项。

治理新模式、四川都江堰市“院落单元，党引民治”模式、四川雅安市“五议决策法”等模式的形成发展、具体做法和主要成效进行分析总结，为日后我国农村基层治理实践提供了经验总结；最后，系统性分析了困扰基层治理的重点、难点问题以及产生的原因，对标新形势下农村基层治理的新任务和新目标，探寻出在坚持党的统一领导前提下，从多元治理主体作用协同化、治理思维创新化、治理机制科学化、治理方式规范化等方面有效应对基层治理困境的路径，特别强调统筹社会治理各种资源，发挥“三治融合”的社会治理效能，注重利用高等院校和科研院人才智库资源，善于发挥农村精英和“新乡贤”的作用，形成农村社会智治，实现乡村善治目标。

三是研究思路的逻辑性和主要方法的恰当性。在研究过程中，本书总体上遵循了提出问题—分析问题—解决问题的研究思路，整体逻辑清晰。在研究内容的框架搭建上，围绕农村基层治理主体、治理客体、治理方式手段、治理制度机制等要素展开，内在逻辑清晰。在研究方法上，立足众多文献文本资料，开展文献研究；针对典型案例，通过“解剖麻雀”开展典型案例研究。习近平总书记曾指出，“调查研究是做好工作的基本功。”研究团队用好调查研究这个“传家宝”，深入成都市、雅安市、眉山市、资阳市等地农村，“沉下去”进行实地调查研究；运用调研数据，“浮上来”找到回应群众关心关切难题的实招硬招。站在百年变局、民族复兴这一整体全局的高度提出破解农村治理难题的举措，在广袤的农村大地描绘出幸福美好的乡村生活图景。

本书撰写期间，我所指导的马克思主义基本原理专业硕士研究生李露、刘恒宇、李丹、李林玲、马艺芮等人积极参与资料的收集和整理工作，并参与了实地调研活动，在此对诸位同学的辛勤付出表示感谢。写作过程中，不可避免地参考甚至引用了马克思主义理论学科下诸多专家、同行的著述及观点，在此一并表示衷心的感谢。

本书的撰写分工如下：舒永久教授设计全书整体框架结构，撰写前言、第五章、第六章和第七章，并负责统稿工作；何宇副教授撰写第一章、第二章和第三章；颜怀坤副教授撰写第四章和第八章。

鉴于团队研究水平，难免出现理论疏漏、理解偏差、数据分析不精确等问题。不妥之处，尚请各位前辈、专家、同行批评指正。

舒永久

2022年7月

目录

CONTENTS

第一章 Chapter 1 绪 论

长期以来，“三农”问题都是我国民生的根本问题，是治国理政需要重点关注的问题。中国共产党第十九次全国代表大会明确提出实施乡村振兴战略，要夯实农村基层工作，建立健全自治、法治、德治相结合的乡村治理体系。农村基层治理是社会治理体系中不可或缺的组成部分，是推进乡村振兴战略的基础。

一、研究缘起

党的十九大报告指出，中国特色社会主义进入新时代。一方面，新的历史征程要求全国各族人民必须团结奋斗，继续为建设中国特色社会主义、全面建成小康社会、建设社会主义现代化强国以及实现中华民族伟大复兴作出贡献。另一方面，我国社会的主要矛盾在这个新时代发生了明显变化，城乡利益格局正在发生深刻调整，中国特色社会主义建设事业面临诸多挑战。面对农村社会结构的深刻变革和农民思想观念的深刻变化，部分农村传统熟人社会的治理手段已经明显过时。长期以来，农村治理体系建设滞后于社会发展需求。农村经济增长缓慢，农村集体经济发展面临着“缺人”“缺钱”“缺路”的多重困境。农民政治参与缺失或参与度不足，出现“政治冷漠现象”①，农村劳动力严重外流导致出现“空心村”与“留守村”。由于农民政治参与度低以及人口外流严重，产生了农民组织化程度低、农村社会公共事业发展滞后、农业机械化现代化水平不高、产业经营模式落后等问题，这些是制约我国农村社会发展和实现农业农村现代化的突出短板。加强农村基层治理体系建设是当务之急。

2013年，党的十八届三中全会第一次明确提出，改革要想贯穿社会的各

① 夏丹青、张健、吴正琪：《当前农民政治参与的现状分析》，《人才资源开发》2015年第10期。

个方面，就要坚持和完善中国特色社会主义制度，赋予国家治理体系和治理能力现代化特征。2019 年 10 月，党的十九届四中全会以全面深化改革为总目标，从国家治理体系和治理能力建设出发，提出了 13 项有关“中国之治”的制度原则。同时指出，要想稳定社会秩序，必须要坚持和完善共建共治共享的社会治理制度。农村基层治理关乎农村社会长治久安，关乎广大农民切身利益，农村基层治理体系建设旨在实现农村社会秩序的良性运转，是国家治理体系建设的重要组成部分。农村基层治理能力的提升是国家治理能力现代化的重要体现，是决战脱贫攻坚和决胜全面小康的重要抓手，是助推乡村振兴战略的重要内容。因此，推进农村基层治理现代化，要发挥党的领导这一优势，从人民利益出发，发展协商民主制度，构建人人有责、人人尽责、人人享有的社会治理共同体，形成农村基层社会治理新格局。当前我国农村基层治理还存在一些亟待解决的问题。

第一，农村基层治理没有充分尊重乡村特点。农村社会是熟人社会，农民是农村的主人。公共事务虽多是细微小事，但涉及农民切身利益，如果忽视农民诉求，完全逾越乡土风俗按“原则”处理，容易引发矛盾。新中国成立以来，尤其是改革开放以来，中国农村发生了翻天覆地的变化，但不少陈旧习俗礼俗在广大村民自发恪守下依然延续。“习俗力量”在维系农村社会秩序方面发挥着不可替代的作用，尤其是在婚丧嫁娶等“家事”中，比如对于村民举办婚丧寿宴、收受礼金、燃放烟花爆竹等采取一罚了之或一禁了之等简单粗暴的治理方式，必然会激化政府和百姓间的矛盾，适得其反。

第二，基层党组织在农村基层治理中领导作用缺失。党对农村社会治理效果的影响最大。党管农村工作是党的优良传统，将政治优势转化为治理能力，是“治理有效”的关键所在。如果党组织软弱涣散，在群众中缺乏号召力，治理不可能有效。按照党中央要求，必须“坚持和加强党对乡村治理的集中统一领导，坚持把夯实基层基础作为固本之策，坚持把治理体系和治理能力建设作为主攻方向”①，充分发挥农村基层党组织在引领产业发展、培育人力资源、塑造文明乡风、维护生态环境等方面的主力军作用，健全自治、法治、德治相结合的“三治融合”体制，协同推进农村治理现代化进程。

第三，农民的主观能动性在农村基层治理中发挥不足。农民是党中央实施农业农村政策的直接受益者，同时也是农村基层治理的生力军。要实现农村“治理有效”，必须发挥农民的主观能动性，充分尊重农民意愿。尊重农民的首

① 新华社：中共中央办公厅 国务院办公厅印发《关于加强和改进乡村治理的指导意见》，http：//www.gov.cn/zhengce/2019－6/23/content_5402652.htm，访问日期：2021 年 7 月 20 日。

创精神，在产业发展上调动农民的积极性、主动性和创造性，大力培育“新乡贤”，从生产、经营和管理等方面提高农民素质，提升农民作为乡村振兴战略建设主体的能力。同时，帮助农民了解、熟悉参与村级事务决策等流程，推进农民有序参与政治，在关系农民切身利益的事务上，充分满足农民合法诉求，逐步培养农民作为乡村振兴建设主体的责任意识。

第四，农村基层治理中的灾害应对预案准备不充分。实践证明，重大疫病、洪涝灾害、地震等突发性灾害是农村治理中无法回避的巨大挑战。面对2020年突如其来的新冠疫情，部分基层政府职能部门及相关干部反应迟钝、意识淡漠、方法简单粗暴、组织动员失效等问题凸显，暴露出应急响应机制缺乏、村级事务权责边界不清的短板。在农村基层治理体系建设中必须大力推动农村公共服务设施建设，推动基层力量有机融合，以村为基本单元，建立突发灾害应急体系和信息化管理平台，确保灾后农业生产有序恢复，切实保障村民生命财产安全。

二、研究意义

（一）理论意义

本书通过对农村基层治理状况的历史研究来归纳和总结我国农村基层治理模式及经验，从而分析农村治理理论变化发展的条件、过程以及影响因素。农村基层治理模式的发展与变化影响着农村治理现代化进程的推进。一方面，农村治理模式的现代化研究使治理的理念深入基层，广大农民群体从对其一无所知到认识和接受，这一变化扩展了治理理论的研究深度并扩充了治理理论的研究广度。另一方面，现代逻辑①在农村基层治理模式中的演进为我国农村基层治理模式的转变提供了理论支撑，有助于研究团队尝试性地对中国农村基层治理模式的转变进行理论梳理。在已有的学术界对农村基层治理模式理论研究成果中，我们发现，虽然学者们研究的出发点和落脚点不同，但普遍达成一个共识：农村基层治理模式已经开始分化，逐步走向多元化。以我国学术界已经积累的关于农村基层治理模式的理论研究成果为基础，从现实需要和制度变迁两个角度分析其发展背景，将有利于我们从理论角度去把握农村治理模式近现代演变发展的规律，为农村基层治理总结出系统化的历史经验以及提供理论借鉴。

---

① 现代逻辑是指数理逻辑和应用数理逻辑而形成的逻辑系统。

（二）实践意义

一是明确农村基层治理的主体。回答“谁来治理”的问题，即明确治理主体及其责任。党的十九届四中全会指出，必须“加强和创新社会治理，完善党委领导、政府负责、民主协商、社会协同、公众参与、法治保障、科技支撑的社会治理体系，建设人人有责、人人尽责、人人享有的社会治理共同体”[①]。按照党中央要求，应构建党委领导、政府负责、社会（社会组织）协同、公众参与的四位一体协同治理权责体系，形成人人有责、人人尽责的治理新局面。

二是突出农村基层治理的重点。农村基层治理不能是“面子工程”，只停留在农村工作的表象，忽视农民主体地位，而必须紧密契合“三农”发展需要，注重提高农民的获得感、幸福感、安全感。农村治理也不能局限于维护治安秩序，而应注重改善公共服务、引领文明新风、推行移风易俗，全面提高农村的文明程度。

三是创新农村基层治理的路径。党的十九大报告提出了加强农村基层基础工作建设，健全自治、法治、德治相结合的农村治理体系的具体要求，这是新时代农村治理的风向标和治理效果的检验尺。必须立足新时代新要求，坚持自治为本、法治为尺、德治为魂，注重在党委领导下，将自治、法治、德治融合嵌入公众、社会、政府三个层面的治理实践中，通过多元主体间的良性互动，最终实现乡村善治。

三、研究现状

（一）农村基层治理的国外学术成果梳理

“农村治理”的概念起源于西方，伴随全球化和现代化的进程，被学术界广泛关注。国外许多专家、学者对我国乡村治理问题高度重视，进行了深入调查和研究，成果颇丰。在不同的时期，学者们的关注对象有所不同，关注内容涉及我国农村社会的方方面面。按时间以 1978 年为界，可分为改革开放之前和之后这两个阶段。

第一阶段：1978 年改革开放之前，国外学者主要从自然条件、社会结构、社会文化和经济制度等方面对中国农村基层治理进行研究分析。学者们在

① 陈煦，周清：《有的放矢：发挥民主协商在社会治理中的独特优势》，《人民日报》2019 年 12 月 27 日第 13 版。

20 世纪 20 至 40 年代已经开始进行一些研究，比如美国著名社会学家丹尼尔·哈里森·葛学溥撰写了《华南的乡村生活：广东凤凰村的家族主义社会学研究》一书，在此书中提出了“家族主义”的概念。其核心思想是，家族是以血缘关系为基础形成的群体，人们的价值判断会受到家族影响，甚至村落中政治、经济、文化、宗教信仰等体系都要受到家族血缘关系的影响。美国著名农业经济学家卜凯基于一系列调查写出了《中国农家经济》，使国际上对中国农民的生活资源、生活状态，有了更清晰的认识。同一时期的著作还有美国汉学家费正清的《美国与中国》，他在著作的第一部分，对中国的地理、疆域、农业、法律、历史、种族、阶级、文字、气候、文化、道德、科学、社会结构、民族融合、朝代更迭等方面用社会学的方法进行了分析，并从中总结出了中国传统社会中的大量规律，以此为依据来探究历史文化对未来中国社会发展的影响。德国经济学家威伦姆·瓦格纳的《中国农书》探讨了中国农村的家庭农场在环境、技术、制度等方面的特征。到了 20 世纪 50 至 70 年代，对于中国农村问题的研究在学者们的共同关注下，得以进一步深入。其中比较有影响力的包括澳大利亚的葛迪思基于对江苏省开弦弓村进行的调查跟踪研究，撰写的《共产党领导下的中国农民生活》；旅美华人、社会学家杨庆堃基于对广东省鹭江村的调查与研究写出的《共产主义过渡初期的一个中国农村》；美国记者威廉·辛顿（Willam Hinton）对改革开放后的山西省长弓村进行调查研究之后，撰写的《翻身：一个中国农村的继续革命》；等等。

第二阶段：改革开放后，国外的一些学者对农村社会的特点、新时期改革和转型中的农村社会、农村基层结构、村民选举、基层自治以及农村的集体经济等方面做了一些研究。十一届三中全会以后，中国农村发生了深刻变革，吸引了大批国外学者对中国农村问题的进一步关注和研究。这一时期，取得了较为丰硕的研究成果，其中具有代表性的成果有：美国学者弗里曼、毕克伟、赛尔登撰写的《中国乡村，社会主义国家》，本书以河北省饶阳县五公村为样本，以村领头人耿长锁的生活轨迹为线索，深入探讨了 1920—1960 年华北农村社会的变迁。美国加州大学伯克利分校政治学系教授欧博文（Kevin J. O'Brien）等学者在《中国村民选举评析》一书中提到，中国农村的选举程序在过去 20 年间（指 1970—1990 年）已经有了显著的改进，其间举行了大量自由和公平的选举。但“权力行使”的变化没有跟上“权力获取”的变化。在许多地方，乡镇政府、党支部和社会力量（譬如宗族、宗教组织、黑恶势力）妨碍了民主规则的进一步实施。这意味着关于民主的单纯程序性的定义是有问题的，而“高质量的民主”更多依靠的远不止是运作良好的村民选举。美国斯坦福大学政治学系教授戴慕珍（Jean C Oi）将注意力转向农村改革对基层干部的影响，她认为农村改革打破了传统体制下基层干部与农民之间的“保护一依附”（Clientelism）关系，但由于基层干部通过创办集体（乡镇）企业、对农户征收税费、调整承包地等，开辟了新的权力资源，他们对农民的控制事实上丝毫不亚于人民公社时期。戴慕珍更进一步推论，正是由于地方政府和基层干部对新的权力资源的追逐，尤其是创办集体企业获取了财政权力，最终反过来推动了改革开放后集体乡镇企业的快速崛起，并将这一现象概括为“地方政府法团（公司）主义”（Local state corporatism）。美国政治学家柯丹青（Daniel Kelliher）在1997年发表《中国国内关于村民自治的争论》，专门论述中国国内学者针对村民自治问题的争论。

这些国外学者站在不同的角度，运用西方社会学、经济学、人类学、历史学和政治学等多学科知识体系，对中国农村问题进行了多方面的调查，这些著作奠定了中国农村基层治理研究的基础，充实了我国农村基层治理典型案例库。

（二）农村基层治理的国内学术成果梳理

党的十九大根据我国乡村发展状况以及农村建设的需要，明确提出要实施乡村振兴战略，注重农村的区域发展，全面推进农村政治、经济、文化等方面的建设来为乡村振兴提供保障，并建立和完善党组织领导的村民自治机制来加强对乡村治理的管理，化解村民间、村民和村集体间存在的矛盾与纷争，推进乡村治理工作有序进行。十九届四中全会进一步明确了乡村振兴战略的实施基本点在于加强和改善党对“三农”工作的领导，必须要抓好这个基本点。农村治理对乡村振兴的实现发挥着不可代替的作用，有利于推进美丽乡村建设。为了进一步改善农村基层治理现状，下文将对我国农村基层治理问题的学术成果进行梳理，主要包括农村基层治理的意义、困境、实施路径等方面。

在农村基层治理意义方面，有的学者从微观角度出发，提出国家的大政要想有稳固的基础，就必须要求每个小村庄都参与政治（于昆，2020；徐勇，2003）。还有的学者从宏观角度出发，指出要坚持党对基层的领导，发挥党组织的带头作用，向村民宣传好治理文化，完善农村治理政策，为农村基层治理提供保障（彭澎，2015）；农村基层治理是国家基层治理体系的基石，推进国家治理能力现代化，必须进行农村基层治理的创新（张红宇，2020；李晚莲等，2016）。

目前，农村基层社会治理主体有四个：一是基层党组织，包括乡镇党委、村党支部等；二是基层政府即乡镇政府；三是农民自治组织即村委会；四是农村社会组织如农民专业合作社和各种协会等。[①]

在农村基层治理的困境方面，在经济市场化、利益多元化的强烈冲击下，农村基层政府在治理中面临着诸多现实困境，对此，学者们的研究主要从治理主客体角度展开。

一是从治理主体的角度分析农村基层治理的困境。季乃礼等（2020）、饶静（2017）提出农村经济组织发育缓慢，社区自治水平低，乡镇政府向“服务型政府”转型困难，基层组织治理能力难以提升。赵守才（2010）提出经济和社会变革的进程与政府改革不一致，政府的改革往往落后于社会的发展，比如政府办事效率低下、公共资源短缺、政治信任度较弱等问题常常存在于农村基层中。吴春来（2020）、陈亚辉（2016）提出村官腐败问题突出，一些村干部作风专断、欺民霸权、结党营私，民主监督形同虚设。张卫波（2019）、沈月娣（2017）提出农村基层出现许多重权力轻法律的思想，一些干部在处理事情时更注重关系、人情，甚至忽略法律规定，仅凭个人想法就作出决策。王卓（2019）、毛呷呷（2017）指出在四川彝族地区乡村，有些村“两委”[②] 没有正确认识到党的领导的重要性以及村民自治的重要性，甚至将党的领导与村民自治对立起来；党的组织能力不强、党员干部先进性不强等问题也比较突出。李晚莲（2016）认为，一些村党支部不重视村委会的发展，对于村民自治也认识不到位，把村民自治权归集到村党支部的手里，忽略了村民自治的重要作用。庞娟（2014）认为，就目前我国农村基层治理的实践来看，治理主体的缺位表现在乡镇政府不能有效履行职能、村委会缺乏应有的治理能力、农村民间组织发育不充分以及乡村精英大量外流。陈亚辉（2016）认为，村民自治被异化，村主任在经济发达的沿海地区含金量极高，因此“贿选”现象常常出现在村委会换届选举过程中，从而使得农村中的信任危机加剧。李华胤（2019）、沈月娣（2017）认为，对村级基层组织的管理缺乏制度性约束，存在治而不理现象。

二是从治理客体的角度研究农村基层治理的困境。庞娟（2014）认为，广大农村在经济方面发展很不平衡，且一些地区非常缺乏农村治理；农村社会规范缺失，相关的法律法规不健全。陈亚辉（2016）指出农村基层治理在面对城市人口、外来人口、本地农村人口这三种不同群体的利益诉求时变得十分困难、举步维艰。陈春燕（2019）、毛呷呷（2017）认为，有一些地区的村民参政意识不到位，如四川彝族地区基层村民，他们在参与农村基层民主决策时，

① 徐顽强：《农村社区化与农村基层社会治理创新》，科学出版社，2019。

② 村“两委”就是村级中国共产党支部委员会和村民自治委员会的简称。

由于缺乏自觉意识，仅怀着走过场的心态，严重影响了农村村民自治的实现。苏新杰（2019）提出由于教育资源的缺乏，村民素质不高，大多数村民受限于受教育程度进而导致自治能力弱，影响农村治理进程。沈月娣（2017）指出在现实中，农村人口因为务工大量外出，留下的青壮年较少，只有少数留守老人、留守儿童在家，使得农村的基层选举难以进行，即使进行，参加的村民人数较少，村民的选举权难以充分实现。冯川（2019）、饶静（2017）认为，农村人口的外流给村庄带来了极大的影响，导致农村的人力缺乏，农村治理力量薄弱，其中消极影响包括破坏了村级自治的社会基础，冲击村庄秩序等。肖雅丹（2019）、李紫娟（2018）认为，农村基层治理中的困境，一是受惯性观念的制约农村基层治理开展困难，二是农村基层治理面临着极其复杂的环境，三是农村基层治理受制于部分农村制度的缺失，四是农村基层治理主体职能分工不明确、职能复杂多样。

在农村基层治理困境的原因研究方面，部分学者从治理主体的角度进行分析，王义保等（2015）认为，在农村基层治理过程中村干部秉持“不得罪”式的治理逻辑，常常把工作重心转移到那些能够引起上级政府感兴趣的具创造性、创新性的工作，如招商引资、信访维稳等，而对于村内事务，村干部只是走形式。部分学者从治理客体的角度进行分析，沈月娣（2017）从制度层面提出，问题根源在于法治在农村基层治理中难以实现，人们的法治观念较弱，缺乏法治意识；相反，一些固有的传统宗族观念较强，思想不够解放。同时，对于重大权责，农村基层的村干部以及村委会之间没有划分清楚，村党支部委员会与村民自治委员会的成员退出机制不完善。还有部分学者将治理主体与治理客体相结合对基层治理加以分析。赵守才（2010）认为，农村基层治理的困境究其根源主观上在于原政府部门的自利性，客观上在于压力型体制的缺陷。

在农村基层治理的实施路径研究方面，学者们主要从治理主体、治理的体制机制两个角度进行研究。部分学者从治理主体出发提出了改善农村基层治理的举措。沈月娣（2017）认为，要划分好村党支部和村民自治委员会的职权，村党支部发挥领导作用，“两委”朝着共同的目标前进。李晚莲（2016）从治理主体的角度指出，要明确村“两委”的工作职责，优化村“两委”关系。李紫娟（2017）认为，要促进不同主体之间的利益认同，政府要在尊重村民意愿的前提下，从村民的角度出发，发挥监督作用。庞娟（2014）认为，政府应该重视农村基层制度的发展，逐渐强化对农村基层的宏观治理而弱化对农村基层的微观治理，使农村的基层社会制度更加完善。部分学者从体制机制的角度研究农村基层治理的实施路径，在领导机制方面，张绘萍（2019）、张艳国（2014）指出要团结各级组织的力量，依靠人民群众的共同努力做好基层治理，优化乡政府和镇政府的治理方案、搭建乡镇政府与农村社区之间的桥梁，只有这样才能推进农村基层治理现代化。陈文宽（2019）、沈月娣（2017）认为，必须建立和完善农村基层治理各个方面的制度，通过自治组织以及法律制度等，对“能人”进行正确的引导。贺雪峰（2019）、彭澎（2015）认为，要发挥政府的作用，通过建立管理制度、责任追究制度等来保证农村基层社会的正常治理秩序。郭丽兰（2016）指出要创新党领导下的、党的重心下移的基层治理新机制，基层服务新机制，社会组织“合力”社区与经济运营联合这几个新机制。陈文宽（2019）、毛呷呷（2017）提出要发挥党的领导作用，对四川彝族地区的基层治理制度进行完善，切实做好基层工作。

（三）我国农村基层治理的研究述评

在农村基层治理领域，国内外学者已取得较丰硕的研究成果。这些研究成果丰富了农村基层治理的理论，加深了人们对农村治理问题的认知，为本书奠定了理论基础，也为农村基层治理模式的创新提供了有益借鉴。但研究成果仍具有局限性：

一是缺少从乡村振兴战略视角的研究。党的十六届五中全会最早提出新农村建设规划，城乡发展战略的提出时间更早，所以大多数研究都是从新农村、城乡发展等角度来研究农村基层治理问题。乡村振兴战略是党的十九大提出的，从时间上看，研究成果尚需要时间积累。与此同时，之前提出的基于城乡一体化和新农村建设的基层治理策略已难以和当前新的农村社会环境相匹配，如果机械照搬，会制约农村基层治理实现路径的探索方向并且由于针对性差而削弱治理效果。

二是比较分析方法在农村基层治理中的运用较少。学界对农村基层治理研究多是文献研究结合实证研究，这类研究思路是通过对农村地区的实地走访调查，获得一手资料并进行分析梳理，进而发现存在的问题，再通过分析问题产生的原因找出影响农村基层治理的因素，最终得出改进的措施。而比较分析方法是将不同地区的农村基层治理模式进行比较，最终探索出提高治理能力路径的方法。中国学界很少将不同地区的农村基层治理模式进行比较，也很少将中国农村基层治理模式与国外乡村治理模式进行比较。为了寻求农村基层治理的创新模式，以实现农村治理能力现代化，研究团队采用比较政治学视野中的比较分析方法研究农村基层治理中的问题。

三是对农村基层治理实践的创新性研究较少。当前农村基层治理的研究对象主要为治理主体、治理体制机制以及治理客体。学界在进行农村基层治理研究时，主要侧重于对治理主体的研究，对治理体制机制的研究虽有一定的涉及，但仍旧存在改善方案脱离实际、难以操作等问题，而从治理客体出发的路径研究则十分匮乏。因而，需要将治理主体、治理客体和治理的体制机制三方面结合起来，探索具有可行性的农村基层治理实践创新改革路径。本研究正是从当前学界研究中较为薄弱的环节入手，从乡村振兴战略视域出发，对农村基层治理的实践创新进行比较分析，为推进乡村振兴战略提供一定的经验借鉴。

四、研究方法

1. 文献研究法

一是从马克思主义视域，对农村基层治理的相关理论依据进行概况阐述；二是对国内外学者针对农村基层治理的意义、存在的困境及其原因和基层治理改革的对策路径等相关研究成果进行梳理。

2. 比较研究法

对我国现有的农村基层治理创新实践的典型模式进行研究，分析各个模式的优劣，明确我国农村基层治理创新实践的状况，为“良治”“善治”找寻经验。

3. 田野调查法

采取多阶段随机抽样方法，在分析面板数据的基础上，以多地的乡镇政府、村党支部、村民自治组织、村社区理事会、乡村干部及村民个人等作为样本进行调研，结合问卷调查、访谈、个案研究等调研方法，完成对农村基层治理现状、绩效及存在问题的定性与定量分析。

4. 系统分析法

以完善农村治理体制机制建设，推进农村产业发展，促进人民生活富足、农村社会安定有序为目标，建立全局思维，系统全面地分析我国农村基层治理中存在的主要问题及产生原因，提出具有针对性的农村基层治理改革新策略和新举措，实现我国农村治理的“善治”。

五、研究内容及架构

第一章绪论。这部分主要分析研究缘起、研究意义、研究现状、研究方法、研究内容及架构、创新和不足之处。

第二章阐述研究的理论基础。研究马克思主义农村社会治理思想，主要从马克思恩格斯农村社会治理思想、列宁的农村社会治理思想以及中国共产党人的农村社会治理思想三个方面进行，为研究新时代乡村振兴战略背景下我国农村社会的治理思想提供理论基础。

第三章介绍我国农村治理方式的变迁。从历史纵向的角度，分阶段梳理我国农村治理方式的发展历程，从不同历史时期的农村治理政策，特别是新中国成立以来中国共产党人对农村实施的治理政策中，探寻出对于研究新时代乡村振兴战略背景下我国农村基层社会治理创新的历史借鉴。

第四章研究我国农村基层治理创新模式。从东部、中部和西部地区选择了我国农村基层治理中的几种典型创新模式进行研究，在广泛的资料收集和深入的实地调研基础上，对其形成发展、创新策略、成效及评价等方面进行分析。

第五章总结我国农村基层治理创新实践的基本经验。从治理主体、治理理念、治理手段、治理制度机制以及治理过程中的经验不足等方面对我国农村基层治理的创新实践进行总结。

第六章分析我国农村基层治理创新实践面临的主要问题及原因。从治理主体间协同性、现代治理手段普及度、基层治理制度创新实操、农村基层治理经费保障等方面，系统考察阻碍基层治理水平提升的深层次问题并分析其产生的原因，为农村基层治理更有效地顺应时代发展，实现治理能力和水平的提升提供保障。

第七章论述我国农村基层治理实践面临的新挑战、新目标、新要求和重点任务。2017 年 10 月 18 日，习近平总书记在党的十九大报告中指出“中国特色社会主义进入了新时代”。当前，我国全新的城乡融合发展形势对农村社会治理实践提出了新要求。乡村振兴战略背景下农村基层治理实践面临一系列重点任务。

第八章研究我国农村基层治理实践创新的路径选择。在坚持党的领导下，通过充分发挥各种治理主、客体的能动性和协同作用，创新治理思维、优化治理机制、完善治理方式，实现乡村善治目标。

六、创新和不足之处

（一）创新之处

一是对我国的农村基层治理进行了阶段划分。按照“村社合一”“政社合一”“乡政村治”“三治融合”的历史逻辑对新中国成立 70 多年来农村基层治理的变迁历程进行划分梳理，同时，比较分析四个阶段不同的目标演进规律，以便系统把握中国农村治理方式的变革和发展历程，为新时代研究乡村振兴战略背景下我国农村基层社会治理创新模式提供历史借鉴。

二是分析了我国农村基层治理创新实践取得的成效和面临的主要问题，突破既有研究从经济、政治、文化、社会和生态领域对治理策略分类的局限，从治理主体间协同性、现代治理手段普及度、基层治理制度创新实操、农村基层治理经费保障等方面，系统考察阻碍基层治理策略实施的深层次问题并分析其产生的原因，同时对在治理实施过程中的经验和不足进行总结。

三是将治理主、客体和治理的体制机制结合，探索农村基层治理创新实践改革路径。主要侧重于对治理主体的研究，同时从治理体制和机制出发，在一定程度上弥补了对治理客体研究的缺乏。

四是结合当前社会变革对农村基层治理的挑战，为了达到社会治理的良好效能，创新性提出有效应对治理困境的农村基层治理路径，强调统筹社会治理各种资源，注重利用高等院校和科研院所人才智库资源，充分发挥农村精英和“新乡贤”的作用，形成农村社会“智治”。

（二）不足之处

一是研究受到经费和时间等因素限制，后期受到新冠疫情影响，部分原计划中的实地调研难以开展，导致调研的样本数量和深入程度不足。

二是研究对象本身具有广泛性，在典型案例的选取上无法做到面面俱到，基于有限的资料，得出的结论或观点难免有失偏颇。

第二章 Chapter 2 我国农村治理的理论基础

马克思主义是我们立党立国的根本指导思想。研究我国农村社会治理思想，必须从马克思主义农村社会治理思想出发。马克思主义农村社会治理思想体系具有前瞻性，对中国农村治理理论的形成具有积极的指导意义。

研究马克思主义农村社会治理思想体系，主要从马克思恩格斯的农村社会治理思想、列宁的农村社会治理思想以及中国共产党人的农村社会治理思想三个方面进行。对不同时期的农村治理思想，特别是中国共产党人建立的农村社会治理思想进行梳理，为新时代研究乡村振兴战略背景下中国农村社会治理思想奠定了理论基础。

一、马克思恩格斯的农村社会治理思想

（一）农业合作思想

由于以资本主义私有制为基础的小农生产不能满足资本主义不断发展的生产需求，马克思恩格斯的农业合作思想便应运而生。他们透过工人阶级运动现象，预见了资本主义社会制度必将被一种“大规模的生产，并且是按照现代科学要求进行的生产，在没有利用雇佣工人阶级劳动的雇主阶级参加的条件下是能够进行的”① 的社会制度所取代，指出农业合作是改造资本主义制度的重要途径，是对资本主义生产方式的积极扬弃。这种农业合作方式主要体现在生产领域、流通领域，流通环节无法改变劳动对资本的附属，变革生产环节中的生产资料所有制才能触及资本主义私有制的根本，从而更好地实现农业生产合作。

农业合作是劳动者获得解放的道路。马克思和恩格斯指出，受资本家压榨

① 马克思、恩格斯：《马克思恩格斯选集（第三卷）》，中共中央马克思恩格斯列宁斯大林著作编译局编译，人民出版社，2012，第 9 页。

的农民只能靠出卖自身劳动力求生存，这是农民之所以一直贫困潦倒的重要原因，同时这种小农生产模式也严重阻碍了农业的发展。要想改变农民窘迫的生活状况，单靠个体的反抗是行不通的，需要在无产阶级的帮助下通过合作社进行联合劳动，这才是农民成为真正意义上的“主人”、摆脱贫困的根本方法。无产阶级[①]也必须清醒认识到农业无产阶级[②]的“天然同盟者”地位，清醒认识到合作的必要性，通过联合实现自身的解放。

农业合作是建立社会主义制度的途径。恩格斯指出，农业合作生产是向共产主义过渡的中间环节。“我们一旦掌握政权，我们自己就一定要付诸实施：把大地产转交（先是租给）在国家领导下独立经营的合作社，这样国家仍是土地的所有者。”[③] 无产阶级政权稳固后，要将农民的愿望纳入考量，把被没收的大资本家的财产划归国家所有，将土地的使用权转交给合作社，合作社把所有零散的生产者组织起来，由联合起来的农业无产阶级进行大规模农业耕作，使分散的小生产逐渐向社会化大生产转变，大幅度提高农业生产效率及有效性。

农业合作化运动的方式和步骤。马克思在《路易·波拿马的雾月十八日》中指出，法国一些地区有大量小农存在，他们都在自家小块土地上耕作，农户之间的关系只是靠自然交换，这样的耕作方式使得先进的科学手段不能直接应用其中，因此小农生产方式已经过时，不可能有任何大的发展。马克思提出，小农落后的生产方式决定了对农业生产的无产阶级改造是一个漫长而艰难的过程。无产阶级在获得政权之后，不能剥夺农民的土地，应采取谨慎的办法逐步把农民吸引到革命的浪潮中来，使得农民自愿选择合作社化道路，帮助农业无产阶级实现自由。

（二）城乡融合发展思想

从人类产生和发展的角度出发，马克思和恩格斯分析了人类历史中城乡融合的基本特征、前提条件和科学依据。

城乡融合是马克思和恩格斯理想的社会愿景。马克思和恩格斯通过对资本主义制度的剖析，概括出城乡融合发展阶段的基本特征，即城乡工农业实现有

---

① 指被剥夺生产资料而不得不向资本家出卖劳动力以求生存的工人和其他低收入集团。不包含广义的农民阶级。

② 即雇农，指农村中完全失去土地和其他生产工具，或只有极少土地和生产工具，完全或主要以出卖劳动力谋生的农民阶级。

③ 马克思、恩格斯：《马克思恩格斯选集（第四卷）》，中共中央马克思恩格斯列宁斯大林著作编译局编译，人民出版社，2012，第 581 页。

机结合、城乡文化与生活方式融合统一。每个历史阶段的城乡关系都是相应时期经济水平发展程度的反映，会呈现时代特征，因此不存在一成不变的城乡关系。马克思和恩格斯认为，“乡村农业人口的分散和大城市工业人口的集中，仅仅适应于工农业发展水平还不够高的阶段。”[①] 随着生产力发展，发展迅速的工业逐渐超过发展缓慢的农业，出现工业反哺农业、城市支持农村的趋势，实现工业与农业、城市与农村协调发展[②]，城市与乡村之间也不再有明显的界限，城乡之间的文化与生活逐步融合在一起。

城乡融合发展包括社会各个方面的融合发展，从马克思和恩格斯的著作中可以抽象总结出三个重要前提，即生产力必须要达到空前的高度、私有制不再存在、人全面发展。恩格斯指出，“把每个人的生产力提高到能生产出够两个人、三个人、四个人、五个人或六个人消费的产品，那时，城市工业就能腾出足够的人员，给农业提供与此前完全不同的力量。”[③] 因此，城乡分离和对立的重要原因之一在于城市和乡村生产力水平的极大差异。因此，建立公有制实现生产关系的根本变革是实现城乡融合的重要基础。人是城乡关系的主体。在资本主义社会制度下，人沦为了工业生产的奴隶；在共产主义社会制度下，人的全面发展将打破旧式社会分工的壁垒，进一步消除城乡差别。

马克思和恩格斯指出城乡融合发展离不开坚实的物质基础。城乡融合与共产主义的实现二者具有高度的统一性，都需要以物质财富积累为前提、以消灭私有制建立公有制为保障，都是人类社会发展规律运行的必然结果。他们还指出，城乡融合发展有利于促进工农业的快速发展以及人的自由全面发展。在生产力还不算发达的前资本主义阶段，生产活动也比较简单，不同地区之间相互孤立，缺乏联系与交流。在资本主义机器化大生产的环境下，物质劳动与精神劳动的分离使得城乡发展脱节，农业逐步丧失了主体地位。工农业发展的基础是在更大范围内获取原材料与劳动力，而实现社会全体成员的全面发展必然要求在未来共产主义阶段具有高度发达的生产力和丰富的物质条件，因此要加快城市与乡村的融合发展。

---

① 马克思、恩格斯：《马克思恩格斯选集（第一卷）》，中共中央马克思恩格斯列宁斯大林著作编译局编译，人民出版社，2012，第 308 页。

② 胡锦涛：《高举中国特色社会主义伟大旗帜　为夺取全面建设小康社会新胜利而奋斗：在中国共产党第十七次全国代表大会上的报告（2007 年 10 月 15 日）》，人民出版社，2007。

③ 马克思、恩格斯：《马克思恩格斯选集（第四卷）》，中共中央马克思恩格斯列宁斯大林著作编译局编译，人民出版社，2012，第 460 页。

二、列宁的农村社会治理思想

在战时共产主义和新经济这两大政策实施过程中，列宁逐渐意识到农业生产在俄国经济发展中以及在农村社会发展中的重要性。因此列宁指出，农村社会治理需要不断采取强化农业生产能力、吸收广大农民力量等一系列措施，为俄国的经济发展找到一条合适的发展道路。列宁在研究农村社会治理、发展俄国农村经济问题的过程中，对社会发展的认识越来越充分，在农村社会治理领域也形成了“渐进发展”理论。

（一）加强农村基层政权建设

列宁十分重视俄国农村基层政权的建设问题。列宁指出，国家层面各项政策的实施、落实离不开农村基层政权的组织作用，社会的秩序、经济的发展与农村基层政权紧密联系，建设农村基层政权就是在加固国家、社会稳定的基石。1917 年十月革命胜利后，列宁将改革重心转移到农村，强调要以乡或村为基本单位建立贫苦农民委员会，让农民选举委员，以此加强农村基层政权建设。列宁提出：“必须使贫苦农民委员会遍布全国”①。在 1918 年人民委员会法令颁布后建立的贫苦农民委员会巩固了当时苏维埃的政权建设，是苏维埃政权在基层的体现，提高了苏维埃政策的实施效率，在一定程度上维护了农村社会的稳定。但随着经济的发展，农村社会发展的形势产生变化，列宁认识到贫苦农民委员会已不再适应农村的发展，对于巩固农村社会政权难以起到有效作用，必须根据农村实际发展状况，改组贫苦农民委员会，改变其临时农村苏维埃组织的性质，升级为可以贯彻国家政策的固定的基层组织，成为无产阶级专政可以依靠的坚实力量，并以此巩固农村基层组织政权。

（二）吸收农民参加农村社会管理工作

在巩固基层政权的同时，列宁强调要联合农民尤其是贫苦农民一起发展基层组织。贫苦农民具有坚实的力量，要吸收他们，使其通过承担管理、监督、执行等职责参与到农村基层组织的建设之中。列宁指出，“每个农民既

① 列宁：《列宁全集（第三十五卷）》，中共中央马克思恩格斯列宁斯大林著作编译局编译，人民出版社，1985，第 175 页。

能选派代表参加苏维埃，又可罢免他们，苏维埃的真正人民性就在这里”①。可见，列宁在发展基层组织、巩固苏维埃政权时看到了农民的力量。重视农民的主体性，不仅极大地维护了农民的利益，让农民参与农村社会的管理工作，也为农村社会管理工作注入了坚实而可靠的力量，巩固了农村基层政权发展。

（三）重视农村党组织的作用

1919 年 2 月，在起草俄共（布）党纲时，列宁首次提出：“建立农村党支部，改选工人、农民和红军代表苏维埃以消除富农分子……这些以及诸如此类的措施应该严格地予以执行”②。1919 年 12 月，俄共（布）党章指出，农村党组织要做好农村的经济、政治、文化等工作，农村的党支部要定期开展农村活动，执行贯彻好党的各项政策与方针，吸收广大农民入党，为党支部建设注入新鲜的血液。党支部委员会也要组织领导当地的一切日常工作，做好当地农村建设。由此，越来越多的党支部在俄国的广大农村建立起来，农村的各项事务也逐步由基层党支部集中管理，党组织在农村工作中发挥领导核心力量，带领农民一起建设农村。

（四）大力发展群众文化教育事业

据资料记载，1920 年俄国民众识字人数较少，文盲占全国总人口的 2/3。民众低下的文化水平严重阻碍了农村社会的发展。为激励更多的民众参与学习，列宁签署并实施了《关于扫除俄罗斯苏维埃联邦社会主义共和国国内居民中的文盲》的法令。

虽然当时马恩、列宁没有明确提出农村社会治理这一概念，但有关治理农村的各种思想、措施以及方案却已经初见成效，对当时俄国农村社会的发展起到了良好的推动作用，并在一定程度上维护了农民的利益，解放了农民的思想。直到现在，农业合作、基层党组织建设等仍是农村社会治理思想的主流，为我国农村社会治理思想的发展奠定了坚实的基础，提供了有益的借鉴。

---

① 列宁：《列宁全集（第三十三卷）》，中共中央马克思恩格斯列宁斯大林著作编译局编译，人民出版社，1985，第 107 页。

② 列宁：《列宁全集（第三十六卷）》，中共中央马克思恩格斯列宁斯大林著作编译局编译，人民出版社，1985，第 92 页。

三、中国共产党人的农村社会治理思想

新民主主义革命时期，毛泽东同志实地考察了中国农村社会发展状况，并写出了多篇著作阐明农民在农村工作中的主体地位。新中国成立以来，党和国家始终把农业、农村、农民问题放在重要位置，广泛开展调研，根据实际情况找到一条适合农村发展的道路，做好农村治理的工作。

（一）以毛泽东同志为主要代表的中国共产党人的农村社会治理思想

毛泽东的农村社会治理思想形成于新民主主义革命时期，发展于社会主义革命和社会主义建设时期。毛泽东同志根据农村的发展状况，分析了农民在农村的重要性。农民在压迫下，生产积极性受到严重束缚，而农民又是农村社会发展的主要力量，因此，中国共产党围绕农村区域进行了社会治理的探索。这时期的治理特点包括：

第一，明确农民的重要性。第一次国内革命战争时期，毛泽东在《国民革命与农民运动》《湖南农民运动考察报告》等文章中强调要看到农民的力量，引导农民走上正确的道路并给予他们物质利益。1927 年大革命失败后，中国共产党认识到必须建立以农民为主体的农村革命根据地来保护农民的利益，并建立民主政权。经济上，中国共产党根据当时农村的实际经济情况，在 1927 年起草了《湘南运动大纲》，强调要在革命根据地发动广大农民群众废除封建土地所有制，以改善农民的经济状况以及生活状况。政治上，1931 年发布的《中华苏维埃共和国宪法大纲》《苏维埃临时组织法》等文件明确了苏维埃国家性质是“工人和农民的民主专政国家”，阐述了农民的政治地位。并从法律制度上，确认了农民的公民身份和公民权利，使农民可以参与到国家建设之中。新中国成立后，1954 年颁布的《中华人民共和国宪法》里的人民民主专政制度，保障了农民参与民主政治建设和参与社会管理的权利，真正实现了人民当家作主。

第二，迅速发展农村党组织。毛泽东在党的六届六中全会上指出，“共产党必须扩大自己的组织……使之成为一个伟大的群众性的党”[①]。随后在农村社会治理中，逐渐形成了以党组织为中心的地方权力体系，成为中国共产党可领导的基础力量。

---

① 毛泽东：《毛泽东选集（第二卷）》，人民出版社，1991，第 523 页。

第三，充分发挥农村社会团体的作用。中国共产党非常重视社会团体的发展，如农村协会等社会团体，社会团体会积极按照党的指示执行协同治理任务，推进了农村社会治理活动的开展，成为农民参与社会治理的一种有效的组织形式，是党组织和农民群众之间沟通的桥梁。

1949年中华人民共和国成立后，根据生产力水平以及社会中的阶级矛盾，我国通过了由中国共产党中央委员会起草的《中华人民共和国土地改革法（草案）》，废除了“少数人占多数土地”的封建土地所有制，明确要实现土地的社会公有。此后进行的对个体农业的社会主义改造、让农民参与农业生产合作社，提高了农业生产效率，并为党和国家进行农村综合治理打下了坚实的基础。

在社会主义道路探索初期，为快速整合农村各项资源，党和政府开始推行人民公社体制，这一时期，国家通过行政权力对农村里的事务进行分配与管理，以此进行农村的治理。1962年，在中共第八届中央委员会第十次全体会议上，人民公社正式被确立为我国农村的基层政府单位，即“政社合一”[①] 的基层政权组织诞生。这一时期，农村社会治理的唯一主体即农村基层党组织，基层党组织发挥着前从未有的领导核心作用。其弊端在于村民很少参与到农村公共事务中，难以发挥其主观能动性。

（二）以邓小平同志为主要代表的中国共产党人的农村社会治理思想

以邓小平同志为核心的党的第二代中央领导集体通过调整农村生产力与生产关系二者的关系，来改善农村社会治理状况，即在全国范围内推行以家庭联产承包责任制为核心的经济体制改革，极大地激发了农民的创造性。家庭联产承包责任制的全面贯彻使得“乡政村治”成为农村治理的主流方式，而人民公社管理体制已完全被摒弃，这说明人民公社时期单一的乡村治理主体（即仅有人民公社一个主体）已经难以继续推进农村发展，农村社会治理体系结构发生根本性变化，国家开启多元治理主体（即基层党组织、基层政府、农民自治组织、农村社会组织四位一体）时代，农村社会治理效率将进一步提高。这时期的治理特点包括：

第一，发展农村村民自治。我国农民在农村治理的实践中总结出了宝贵的经验，找到了适合中国国情的农村治理方法，创造了村民自治的农村基层治理形式，村民通过自治依法管理农村社会事务，让农村事务既合情合理，更合法

① 指人民公社既是行政组织同时又是经济组织。

合规。1982年，中国共产党第十二次全国代表大会首次提出，要将村委会作为基层群众性自治组织。1987年，在《中华人民共和国村民委员会组织法（试行）》通过后，村民自治制度逐步规范化、合法化。

第二，发展农村社会组织。自改革开放以来，政社分开、政企分开制度逐步实行，各种各样的农村民间组织如雨后春笋般出现并快速壮大，逐步参与到农村事务管理之中，村一级社会组织在宽松的政策环境中飞速发展。同时，随着社会主义市场经济体制的逐渐深化，多数乡镇机构通过合并、撤销等改革手段，其职能臃肿现象得以改善，乡镇行政管理机制不断完善，为农村社会组织营造了自由而宽松的治理环境。

第三，从农村独立发展到城乡统筹发展。1978年以前，在政策层面上，我国一直明确划分了城市和乡村，城市与乡村二元对立，导致很难实现整体社会资源的高效整合，对农村社会的治理非常不利。1978年以后，家庭联产承包责任制的实行，使得农民的生产积极性大幅度提高，农民生活水平得到改善，价值观念也变得开放，自由、平等思想深入人心。大量的农民走出农村，离开土地，走向城市。这一新情况，给农村社会治理带来了新的机遇和挑战，加之原先城市与乡村缺乏交流互通，二者相对独立，城乡统筹发展势在必行。邓小平同志提出把农村改革作为城乡改革问题的重要突破点，明确做好农村工作必须增进农村与城市之间政治、经济、文化交流，统筹城乡社会发展，以此化解农村社会治理中的矛盾。

（三）以江泽民同志为主要代表的中国共产党人的农村社会治理思想

以江泽民同志为核心的党的第三代中央领导集体，根据当时农村发展的状况以及以往农村治理经验，针对我国农业和农村工作中出现的新问题、新任务，提出了一系列解决“三农”问题的方针、政策和措施，形成了具有时代特征的“三农”思想，为农村治理增添了新的内容。

首先，继续推进了村民自治制度的发展。1997年党的十五大报告中明确提出“扩大基层民主，保证人民群众直接行使民主权利，依法管理自己的事情”①。强调我国的民主政治建设离不开基层民主建设。党和国家要做好基层的建设，扩大基层组织，倡导农民在社会治理中充分利用自身权力参与农村社会管理工作。

---

① 江泽民：《高举邓小平理论伟大旗帜 把建设有中国特色社会主义事业全面推向二十一世纪》，《人民论坛》1997年第67期第12页。

1998年，针对村民自治的问题，第九届全国人民代表大会常务委员会通过了《中华人民共和国村民委员会组织法》，用法律来保证农民权利，确保村民自治的法治化、民主化。同时，党中央十分重视基层民主政治建设，不断完善村民自治制度，以此保障村民参与农村社会管理的权益。

其次，规范农村民间组织的发展。1989年，中共中央国务院出台了《社会团体登记管理条例》，这一条例的颁布，明确了社会组织的基本管理方针，为农村民间组织的发展指明了新方向，形成了农村民间组织管理体制的雏形。1998年，新修订的《社会团体登记管理条例》和《民办非企业单位登记管理暂行条例》指出，民办事业单位包括独立于社会团体和基金会之外的第三类社会组织。由此可见，农村社会组织作为农村社会治理的重要主体，不仅具有规范性，还具有更大的包容性。

最后，强调加强社会主义法治与道德建设。在农村建设社会主义民主政治的过程中，道德建设为解决村民之间矛盾、促进农村事务开展、维护农村社会秩序提供了理论依据和思想指导，而法治建设不仅维护了社会稳定，还使社会治理秩序达到新层次。

（四）以胡锦涛同志为主要代表的中国共产党人的农村社会治理思想

党的十六大以来，以胡锦涛同志为总书记的党中央指出，要想全面建设小康社会，就必须要求全国各族党员干部共同努力，奋力改变农村贫困状况。社会主义新农村建设的序幕由此拉开。党中央结合我国农村实际情况，在党的十七大报告中提出建设"基层群众自治制度"。此制度有利于村民在参与农村治理过程中发挥主体性作用，调动村民参与基层社会事务的积极性，提高农村的办事效率，从而保证农村治理程序规范化。同时，以胡锦涛为总书记的党中央从我国城乡发展不平衡、不协调和二元结构出发，提出要坚持城乡协调发展。要站在国民经济发展全局的高度研究解决"三农"问题，实行以城带乡、以工促农、城乡互动、协调发展，逐步改变城乡二元经济结构。党的十六大报告首次提出推动城乡共同发展的战略；《国民经济和社会发展第十一个五年规划纲要》提出，要让城市带动农村，工业带动农业，走城市和乡村互动、工业和农业互促的协调发展道路，使乡村建设在城市发展的带动下更加规范；党的十七大报告提出，要形成城乡发展一体化的新格局，建立城市带动农村的协同机制；党的十七届三中全会进一步提出，要促进城乡之间公共资源的自由流转，加强城乡基础设施建设，保证城乡经济发展和社会稳定。

党的十八大以前，党中央领导人在多次讲话中论述了农村治理工作，虽然没有提供出完整的农村治理方案以及系统的社会治理理论，但都在一定程度上促进了农村治理工作的开展，丰富了农村治理的内容，为后期农村治理方案的制订提供了思路，尤其为党的十八大后农村治理思路和举措的确定提供了参考与借鉴，为农村科学治理体系思想的形成奠定了基础。

（五）以习近平同志为主要代表的中国共产党人的农村社会治理思想

1. 坚持党建引领下的多元共治

（1）坚持党建引领农村治理

2017 年 10 月 19 日，习近平同志在参加党的十九大贵州省代表团讨论时指出："党的根基在基层，一定要抓好基层党建，在农村始终坚持党的领导"①。农村基层党组织是党在农村开展工作的基础，是健全农村社会治理体系的关键环节。基层党建的内容包括以下三个方面：

一是政治建设。加强党的政治建设，目的是强化政治领导，净化政治生态。一方面，要树立马克思主义政治观。习近平指出："对马克思主义的信仰，是共产党人的政治灵魂。"② 要以马克思主义理想信念作为发展农村基层党组织的根基，帮助农村基层党员干部树立为农村服务的理想，坚定为人民付出的决心。要不断提升基层党员干部的理论水平，让他们学会将马克思主义基本原理与中国具体国情相结合，确保农村基层建设朝着正确的方向发展。另一方面，要强化党对基层组织的全面领导，发挥基层党组织的领导核心作用。这样不仅有利于提高基层党组织的政治能力，也有利于党中央的各项政策在农村得以有效实施。

二是组织建设。组织建设与人才建设密切相关，相辅相成，要发挥好农村基层党组织的战斗堡垒作用，就需要建设一支高素质的党员队伍。习近平总书记历来重视人才，他指出："乡村振兴，人才是关键。要积极培养本土人才，鼓励外出能人返乡创业，鼓励大学生村官扎根基层，为乡村振兴提供人才保障"③。打铁还需自身硬，建设高素质的党员队伍，需要创新农村基层党组织的结构和管理方式。2014 年 5 月，为认真贯彻落实党的十八大和十八届三中

---

① 习近平：《万众一心 开拓进取 把新时代中国特色社会主义推向前进》，《人民日报》2017 年 10 月 20 日第 1 版。

② 习近平：《坚持实事求是的思想路线》，载中共中央文献研究室编《十八大以来重要文献选编（上）》，中央文献出版社，2014，第 80 页。

③ 央广网：《习近平考察山东全记录》，https：//baijiahao. baidu. com/s? id＝1603421220287745302&wfr＝spider&for＝pc，访问日期：2022 年 5 月 30 日。

全会精神，加强基层服务型党组织建设，中共中央办公厅印发了《关于加强基层服务型党组织建设的意见》（以下简称为《意见》）。《意见》明确提出要根据党员人数合理设置党支部。农村基层党组织的设置要适应农村的特殊状况，可根据实际情况在农民专业合作社、专业协会、产业链、农村产业基地、行业协会中建立党组织。此外，针对农村外出务工人员，设置流出地党组织和流入地党组织，以便党组织领导、组织农民投入农村基层党组织建设之中。

三是作风建设。农村基层党组织扎根于广阔的农村，光学理论是不可行的，必须深入群众，与群众一起深入农村实践，并长期反思，才能永葆党组织的活力。俗话说“自身不正，何以正人”，思想作风建设是作风建设的首要方面，必须要提高共产党员的党性修养，使党员时刻保持清正廉洁的作用。“群众呼声是作风建设的第一信号”①，因此，党员干部要密切关注群众，时刻将人民群众放在心上，树立群众工作无小事的理念。

（2）统筹社会力量协同治理

习近平总书记指出：“要建立和完善以党的基层组织为核心、村民自治和村务监督组织为基础、集体经济组织和农民合作组织为纽带、各种经济社会服务组织为补充的农村组织体系，使各类组织各有其位、各司其职。”② 社会组织在推动农村社会治理制度完善方面扮演着不可或缺的角色，而社会组织能否引导农民进行农村社会治理并取得良好效果，主要取决于农村社会组织的领导人。因此，农民在选举社会组织领导人时应保持慎重，选择能树立正确方向并起到带头作用的优秀人才。此外，随着农村社会的发展，社会利益主体日益多元、彼此之间的矛盾不断增加，仅靠基层政府来协调解决矛盾显然是不够的，多元主体共同参与才能在社会服务方面提供不同的服务从而有效化解矛盾。以农村协会组织、研究会、合作社为代表的农村社会组织陆续出现，使得农民参与社会治理的渠道增多，也更有力推动了农村社会的发展，加快了农村社会治理体系的构建。

其他社会力量也发挥着重要的作用。随着农村经济的发展，越来越多的市场主体参与到农村经济建设过程中，不仅为当地村民增加了就业机会，也在一定程度上带动了当地农村的经济发展。少数的基金会等公益性组织也加入其中，参与农村志愿支教、帮助留守儿童入学、强化农村基础设施建设等，为农村社会的发展积极贡献力量。

---

① 习近平：《之江新语》，浙江人民出版社，2007，第263页。

② 习近平：《在中央农村工作会议上的讲话（2013年12月23日）》，载中共中央文献研究室编《十八大以来重要文献选编（上）》，中央文献出版社，2014，第685页。

2. 建立行政管理与群众自治的有效衔接

（1）发挥基层政府主导作用

相较于之前，新时代的农村社会发生了众多变化，农村社会治理主体也朝着多元化发展。要将多元主体共同参与治理的形式定为常态，积极培育各类社会组织，厘清不同主体的权责边界，实现农村社会治理的良性发展。

在农村社会治理过程中，乡镇政府一直发挥着主体作用。在多元主体参与治理的过程中，乡镇政府必须与其他社会主体共同协商，将国家的方针与政策落实到农村，实现“善治”的目标。乡镇政府要具有统筹全局、协调各方的魄力，要坚持做好统筹规划，合理配置农村社会资源，建立和完善农村村级规章制度，指导村民委员会工作并创设相关自治组织。

乡镇政府在与其他主体协同开展治理工作时，要注重发挥自身主导作用，通过政策引导、资金支持、技术援助等方式整合农村资源，理顺各治理主体之间的权责关系，积极化解不同利益主体之间的矛盾冲突，为多元社会治理主体合作提供有效服务。

（2）激发基层群众性自治组织活力

村民委员会是我国农村地区的基层群众性自治组织，是推进农村社会治理良性发展的助推器，在群众的自我管理、自我服务、自我教育等方面发挥着不可替代的作用。激发村民委员会活力的重点举措包括：

第一，要加强对农村基层群众自治组织的法律保障。农村社会治理的有效实施离不开每个参与者的责任担当，农民在参与农村社会治理过程中也应该明确自身的责任。因此，应赋予村民委员会自治法人权力，代替基层政府行使管理公共事务的职能。

第二，规范乡镇政府与自治组织的权力。要转变政府职能，完善政府对村委会的指导制，建立政务公开及监督机制，确保村民的知情权，提高村民参与力度，为村民委员会实行群众自治提供条件，推动基层政府与村委会的良性互动。

3. 提升农村社会治理能力

（1）提高农村居民参与能力

中共第十八届中共委员会第三次全体会议通过的《中共中央关于全面深化改革若干重大问题的决定》中强调，要“从各层次各领域扩大公民有序政治参与”。在农村社会治理过程中，一方面应大力提高党员作为领头人的综合能力；另一方面，应提升农民参与社会治理的意识和能力。增强农民主观参与意识的本质就是要使农民认识到自身的主体地位，要认识到在法律允许的范围内自身依法享有哪些权利。党员干部要以身作则，起到模范带头作用，同时借助电视、广播、报纸、互联网等媒介广泛宣传，提高农民参与治理的主动性。村民的客观参与能力有三种：首先，良好的交际能力。当前，农村社会仍然脱离不了“熟人社会”规则，需要党员干部具备良好的沟通交际能力，以此唤起村民的参与意识，增强村民对基层党组织的认同和依赖。其次，创新能力。在充分尊重村民首创精神的前提下，村“两委”可以和村民结合本地实际，创造性地开展农村自治建设工作，有序推动农村自治建设。

（2）加大基本公共服务在农村的供给

加强农村公共设施的建设以及丰富公共服务的供给有利于推进农村地区的社会治理。因此，各级治理主体需要加大财政、政策等投入，增强农村公共服务供给能力，推动农村治理的有效进行。

首先，乡镇政府要加大对公共服务的投入。乡镇政府要转变工作方法，善于运用全面发展的思维方式，加大农村公共服务的供给。当前我国乡镇政府在农村社会治理过程中任务较重，开销较大，财政上捉襟见肘。对此，可通过打造特色农村产业，创新实现多元的财政收入。

其次，努力构建多元主体供给模式。政府在面对各种复杂的问题时，难免会心有余而力不足。针对政府职能触及不到的社会公共服务①，就需要由市场供给以及社会自愿供给。一方面，要利用市场的竞争机制实现公共服务产品在竞争中的质量提高。另一方面，针对市场主体因无利可图便不愿供给的公共服务，可将社会力量自愿供给引入农村服务供给体系当中。但不可否认的是，乡镇政府始终是社会公共服务的供给主体，必须明确自身供给范围和市场供给、社会供给的范围，保障农村公共服务供给的质量。

（3）强化农村社会文化引领能力

第一，加强公共文化服务体系建设，就要以社会主义核心价值观引领农村文化建设。以儒家文化为核心的中华民族传统文化的逐渐淡化、拜金主义和享乐主义的弥漫、农民主体意识的增强等，这些都在不同程度上综合影响着农民的价值判断。农民对赖以生存的农村、民俗文化有着强烈的归属感，可以将社会主义核心价值观与农村传统文化相融合，拓宽农村文化产业发展道路。

第二，发挥优秀人物的模范带头作用、加强农村公共文化服务体系建设。农村道德模范是社会主义核心价值观最生动的代表。言传不如身教，要积极组织农村模范评选活动，激发村民治理农村社会的热情，与此同时，要开展对村民的教育活动，诠释中国优秀传统美德，引领文化前进的方向。比如北京市通

① 社会公共服务是指由政府部门、国有企事业单位和相关中介机构履行法定职责，根据公民、法人或者其他组织的要求，为其提供帮助或者办理有关事务的行为。

州区于家务回族乡仇庄村坚持党建引领，将社会主义核心价值观融入孝德文化，深入提炼家训、家规、家风，以家风领村风，以孝德化民风，通过“倡、树、展、兴”，有力推进乡风文明建设。[①] 市县两级政府应加大对农村文化建设的财政投入，同时对于具备宣传、组织能力的人才建立任用和选拔机制，成立一支服务于农村日常生活的队伍。

(4) 提升农村矛盾的预防和化解能力

习近平总书记指出，“政之所要，在乎民心”[②]。人民内部矛盾是关系社会和谐的重要因素。

首先，建立健全农村社会矛盾调解长效机制。要坚持源头治理的原则，建立健全农村社会矛盾预警机制，基层党组织要对农村社会中的冲突建立排查制度，方便党员干部及时了解村级矛盾。同时，建立健全人大代表访谈、政协委员联系等形式的民意表达机制，引导群众合理表达利益诉求。随着矛盾主体往多元化和复杂化发展，非对抗性矛盾可能会转化为对抗性矛盾[③]，在出现矛盾时，需要各级政府部门相互配合协调，共同协商解决，或在相关部门的帮助下进行司法诉讼，通过法律程序解决问题。

其次，坚定党员干部为人民服务的信念。“言语的背后是感情、是思想、是知识、是素质”[④]，党员干部必须牢固树立“群众利益无小事”的观念，从人民利益出发，耐心做一些为群众解疑释惑的工作。治理要以人民为主体，以满足人民群众根本利益为出发点。解决群众矛盾时，要将解决民困民难作为工作的出发点和落脚点，坚持依法依规治理，向人民群众宣传法律的相关条文，并让人民群众懂得用法律维护自身权益。

4. 坚持“三治融合”

(1) 深化自治为主要内容

习近平总书记曾对坚持和发展“枫桥经验”[⑤] 作出重要指示，要求把“枫桥经验”坚持好、发展好，把党的群众路线坚持好、贯彻好。新时代“枫桥经验”仍然以“依靠群众、化解矛盾、维护稳定”为核心内涵，这是农村自治过

① 中国农网：《首批全国村级“乡风文明建设”优秀典型案例》，http://www.farmer.con.cn/2020/05/08wap_99852495.html，访问日期：2022年12月30日。

② 习近平：《之江新语》，浙江人民出版社，2007，第238页。

③ 对抗性矛盾指矛盾双方在根本性质和根本利益上互相敌对，进而产生不可调和的矛盾，其斗争形式一般表现为剧烈的外部冲突；非对抗性矛盾指矛盾双方在根本利益一致基础上的矛盾，一般不表现为剧烈的外部冲突，即不表现为对抗的形式。

④ 习近平：《之江新语》，浙江人民出版社，2007，第146页。

⑤ 20世纪60年代，浙江省诸暨县（现诸暨市）枫桥镇的干部群众创造了“发动和依靠群众，坚持矛盾不上交，就地解决，实现捕人少，治安好”的“枫桥经验”。

程中化解基层矛盾的有效措施。实现好村民自治，就要积极培育村民对农村社区的认同感，发挥村民的主动性和积极性，让村民积极参与到治理过程之中，以此拓宽矛盾化解渠道。

（2）强化法治为保障底线

习近平总书记指出，要“善于运用法治思维和法治方式领导政法工作”[①]。当前我国相继出台和逐步完善了以《中华人民共和国村民委员会组织法》（以下简称为《村委会组织法》，为代表的村民自治相关法律法规，对基层自治组织的责任主体、运行机制等进行不断规范。如民政部印发的《村民委员会选举规程》规范了村民选举换届流程，各村的《村民自治章程》建立在村民自治经验基础上，使得村民自治规范化和权威化。习近平总书记指出：“法治是乡村治理的前提和保障，要把政府各项涉农工作纳入法治化轨道，加强农村法治宣传教育，完善农村法治服务，引导干部群众尊法学法守法用法，依法表达诉求、解决纠纷、维护权益。”[②] 因此需要加强对农村干部的法律培训，并定期进行相关考核，提升基层干部的法律意识，且要倡导群众对基层干部进行监督，对徇私枉法者严惩不贷。同时要向农民群众宣传法律知识，增强群众的法律意识，进一步巩固和谐的干群关系。

（3）树立德治为内在支撑

挖掘和重塑乡村社会治理中的道德规范对于提高农村居民的道德水平具有非常重要的作用。中华民族的传统文化中蕴含了丰富的道德规范，可以弘扬“仁、义、礼、智、信”等传统美德，有选择地继承和利用传统社会中的规章制度。“礼俗、习惯”等乡规民约是村民多年来约定俗成的规则，在解决邻里纠纷等方面起到了重要的作用。乡贤作为政府和群众之间的纽带，具有较高的道德水平和治理能力，可以带领群众实施农村社会治理，帮助政府传达政策方针。

5. 规范农村社会协商民主形式

（1）推进农村社会协商民主法律化

村民参与协商民主的积极程度会直接影响村民的利益表达。《村委会组织法》虽为村民委员会的选举、村民会议、民主管理、民主监督提供了法律保障，但对于农村协商民主未给出更加具体的法律依据，因此需要建立和完善《村委会组织法》相关的配套法律法规。农村协商民主主体不仅要注重解决村

① 习近平：《习近平关于全面依法治国论述摘编》，中央文献出版社，2015，第112页。

② 习近平：《走中国特色社会主义乡村振兴道路（2017年12月28日）》，载《论坚持全面深化改革》，中央文献出版社，2018，第407页。

“两委”的矛盾问题，还需要阐明协商民主的主体范围和任务，保障农村社会协商民主的有序进行，提高农村社会协商民主的法律化程度。

（2）促进农村社会协商民主制度化

规范农村协商民主程序是提升协商民主的制度化水平必不可少的条件。习近平总书记指出：“要丰富基层民主协商的实现形式，发挥村民监督的作用，让农民自己‘说事、议事、主事’，做到村里的事村民商量着办。要培育有地方特色和时代精神的新乡贤文化，发挥其在乡村治理中的积极作用。”[①] 协商议题要广泛征集村民的意见，并将协商时间、地点、内容等予以公示，促使不同的利益主体参与到协商之中，以此维护协商民主的公平公正。

① 习近平：《走中国特色社会主义乡村振兴道路（2017年12月28日）》，载《论坚持全面深化改革》，中央文献出版社，2018，第408－409页。

第三章 Chapter 3 我国农村治理方式的变迁

从历史纵向的角度，分时期梳理我国农村治理方式的发展历程，总结并分析不同历史时期的农村治理政策，特别是新中国成立以来中国共产党实施的农村治理政策，对于新时代乡村振兴战略背景下研究我国农村基层社会治理创新路径具有基础性作用和历史借鉴意义。

一、我国古代乡村治理方式的变迁

（一）春秋战国时期的乡村治理方式

春秋战国时期是中国从奴隶社会转变为封建社会的重要阶段，这一时期的原始社会制度逐步瓦解，土地私有化进程突飞猛进，农村生产力与生产关系不断得到调整，自耕农在土地私有化进程中逐渐成为农村基层社会中的经济主体。同时，各个诸侯国为称霸中原加强了对国家的控制，纷纷掠夺资源来增强国力。战国末年，为加强对基层社会的控制，统治者将名称各异、层次不一的地方行政机构划分成乡、里两级，并在乡、里组织之下确立了“什伍”[①] 制广泛运用到各个诸侯国，采取由上至下监督和什伍内部人与人互相监督的方式来加强对底层民众和基层社会的控制。实践表明，建设好基层社会要有完善的制度做保障，一些诸侯国不仅在乡、里组织之下实施了什伍制度，还推行了什伍连坐法以加强对基层社会的掌控。在此期间，一些新的农村职位也应运而生，如人们熟知的“三老”[②] 和

① 指军队的基层建制。《管子·立政》：“十家为什，五家为伍，什伍皆有长焉。”

② 指古代掌教化之官。乡、县、郡均曾先后设置。《礼记·礼运》：“故宗祝在庙，三公在朝，三老在学。”《史记·陈涉世家》：“三老豪杰皆曰：‘将军身被坚执锐，伐无道，诛暴秦，复立楚国之社稷，功宜为王。’”《汉书·高帝纪上》：“举民年五十以上，有脩行，能帅众为善，置以为三老，乡一人。择乡三老一人为县三老，与县令丞尉以事相教。”《后汉书·循吏传·王景》：“父闳为郡三老。”

“啬夫”①。

（二）秦汉时期的乡村治理方式

秦汉时期是我国封建制度确立和发展的重要时期，秦始皇建立了我国历史上第一个统一的封建王朝，废除分封制而在全国范围内推行郡县制，以强化对地方的控制。汉高祖在吸取了秦朝灭亡失败经验的基础上，推行郡国并行制度，并采取多项措施限制各诸侯国的权力来巩固中央集权，维护统治。秦汉时期乡村治理出现了一个创新之举：乡官被划分为不同的等级，不同等级的人职责不同。除此之外，秦汉时期在“乡里制度”② 基础上相继推出了户籍制度、户籍申报和审查制度来加强对地方的管控。在宗法制度方面，东汉末年“选士而论族姓、阀阅”的局面形成，强宗大族遍布各地，有些强宗大族除了维护族人生命财产安全之外，还担任乡里职务并处理乡里事务，深刻地影响着基层治理。因此，在秦汉时期，宗族势力在乡村治理中发挥了巨大作用。

（三）魏晋南北朝时期的乡村治理方式

魏晋南北朝时期是我国历史上民族大融合的重要时期。这一时期，首次出现了“村”的提法，并且在乡村治理的立法方面有了创新，出现了员额编制立法。虽然这一时期国家处于分裂状态，地方政权各自为政，但各级地方政权在秦汉时期形成的基层治理模式的基础上，根据自身地域特点以及民族习惯的不同，形成了大量具有区域及民族特色的乡村治理方式，为拓展后世的乡村治理思路奠定了基础。

（四）隋唐时期的乡村治理方式

隋唐时期是中国封建经济发展的巅峰时期。这一时期，也是封建制度趋向成熟、面临转型的关键时期。隋唐初期的乡村治理模式受南北朝时期的影响，政策制定仍以模仿前朝为主。唐朝中期后，商品经济的高速发展助推了乡村治理模式的变革。这时的基层组织已有城乡之分，农村以村为单位，城邑以坊为单位。一直受推崇的乡里制度的地位明显下降，农民个体自由度增加，宗族势力在乡村治理中的影响力大幅度下降。

---

① 指农夫。《韩非子·说林下》：“此啬夫，公之故人，公奚不休舍？”梁启雄解：“啬夫，本是收穀的田夫。”《说文·啬部》：“田夫谓之啬夫。”

② 指中国古代县以下的各级基层行政区划的制度，是君主专制国家政权结构中原基层的行政单位，拥有按比户口、宣布教化、督催赋税、摊派力役、维持治安、兼理司法的职权，具有宗法性与行政性的高度整合，被称为“治民之基”（《周书·苏绰传》）。

（五）宋朝时期的乡村治理方式

宋朝是中国历史上政治、经济、文化最为繁荣的朝代。乡里制度在宋朝仍是农村治理中的主流，但与唐朝相比，宋朝的乡里组织比唐朝的规模更大。在官僚机构膨胀、社会矛盾尖锐的背景下，决心消除危机进行变法的王安石提出了“保甲制”①。保甲制下，领导者不是国家的官员，领导者承担本县差役，负责执行官府每月的例行任务。保甲制的产生宣告了国家权力机关正式退出对农村的直接管理。在户籍制度方面，宋朝实行以财产为统计主体、兼顾人口的管理模式，这种管理模式成为这一时期户籍管理的主要模式，反映出宋朝较唐朝更加放松了对农民的人身控制，一定程度上增加了农民的自由度。

（六）元朝时期的乡村治理方式

元朝是中国历史上一个特殊的时期。元朝建立后，最初承袭金制，以里正、主首管理乡村事务。先在北方各地农村推行村社制，后将村社制推行至江南地区。元朝的政权是由北方游牧民族建立的，由于蒙古人缺乏管理农耕社会的经验因而其政权存在天然弊端，在此基础上又采取民族孤立和民族歧视的政策，使得汉人在参与农村治理时很难掌握真正的实权，生产关系严重僵化。因此，虽然蒙古人在元朝成为中原统治者之后学习到许多汉族社会中的社会治理经验，但由于这些治理措施仍然具有浓厚的游牧民族色彩，导致元朝时期的乡村治理缺乏统筹规划，乡村管理效率相对较低。

（七）明朝时期的乡村治理方式

明朝的乡村制度更为复杂，它不仅是对前朝管理制度的继承，还根据实际情况进行了创新和调整。在明朝，以朱元璋为代表的中央统治集团为了使民众知法、守法，建造并几乎在每个乡里设置了申明亭。明朝统治集团通过申明亭这种带有官方属性的建筑实体，以具象的方式实现国家治权在乡村社会的渗透。申明亭既能用于开展乡村教化，又是民间调处的乡村司法场所，体现了国家与社会的动态平衡——国家在将基层治权部分让渡给社会力量、推进民间自治的同时，通过制度设计和物质保障保持适当介入以实现国家基层治权与民间社会力量的有机结合。明朝初期，里甲制是农村治理的主流制度。随着商品经济进一步繁荣发展，乡村社会呈现出明显的分化趋势，由于土地兼并状况

① 宋朝时期带有军事管理功能的户籍管理制度，是中国封建时代长期延续的一种社会统治手段。以“户”（家庭）为社会组织的基本单位，设户长；十户为甲，设甲长；十甲为保，设保长。

严重，大量农民流离失所，与此同时，乡村社会中的权力逐步转移到一些精英手中，使得乡村社会人员贫富差距日益加大，并且使得国家可征收的钱粮赋役减少。为改变这一局面，明朝进行了税制改革。针对权力掌握在少数精英手中这一情况，明朝政府积极支持宗族制定村规民约参与乡村治理，还赋予族长处理本家宗族内部纠纷的司法权，由此乡村治理手段进一步发展。另外，明朝政府还通过开办“乡村社学”① 对民众进行教育，以加强对地方的管理。

（八）清朝时期的乡村治理方式

清朝是我国的最后一个封建王朝，也是我国少数民族入主中原建立的王朝。清政府将前朝的优秀治理经验进行整合，除了延续自然村落的形式，还采用明朝的里甲制以及宋朝的保甲制对基层社会进行管理，维持地方秩序。里甲制、保甲制和宗族组织的密切结合是清朝乡村治理的特点。与此同时，清政府也根据历史发展和实际国情不断进行政策调整与改革，不增加税收并停止对人口编审，以此来放松对农民个体的管理和约束，从而进一步加快了商品经济的发展。

二、民国时期我国乡村治理方式的演变

（一）民国时期国民政府的乡村治理方式

民国时期是中国传统社会向现代社会转型的重要时期，主要的转型变革模式有国家政权主导的全国性乡村治理变革和地方政权推行的区域性乡村治理变革，社会力量发动的乡村治理变革和知识精英与地方权力相结合推动的乡村治理变革，革命政党主导的乡村治理变革等。② 当时，国家弱小且深受西方列强的压迫，农村治理面临着一系列严峻的挑战。

南京临时政府成立后，孙中山指出，要以地方自治实现宪政民主。强调“每一县既解军法之后，军政府以地方自治权归之其地之人民，地方议会议员及地方行政官皆由人民选举。凡军政府对于人民之权利义务，及人民对于军政府之权利义务，悉规定于约法，军政府与地方议会及人民各循守之，有违法

---

① 元代和明代制定法令，在农村以 50 户为一社，每社设立一所学校，要求 8～15 岁的民间子弟入学，规定了学习内容并制定学校管理制度。

② 王兆刚：《民国时期乡村治理的变革模式及启示》，《江西社会科学》2016 年第 1 期。

者，负其责任。”[①] 实现民主需从地方自治出发，厘清中央与地方权力关系，最大限度发挥地方的积极性，如果在地方自治中忽略群众的力量，将使得地方自治思想难以很好付诸实践，且夸大了地方自治的作用，舍反帝反封之“本”，逐政体方案之“末”，无法解决中国的“秩序危机”。北洋军阀政府期间，袁世凯将中央政府权力完全渗透至地方，使得区自治在国家官僚系统的严密控制下运行，服务于袁世凯的独裁统治，名为“自治”实则“官治”，此种情况下，区自治成了欺骗民众的幌子。

后来，国民政府依照孙中山先生遗志，意图在农村进行自治。各种政权试图采用地方自治来整合乡村社会，颁布了大量治理政策来加强治理，但因为中国在长时间内一直处于战争状态，国民政府并没有完全控制全中国，而且，在战乱中农村人民的生活状况凄凉悲惨，进行乡村治理缺少人力、物力条件，很多政策在战乱之下都无法真正落实。

（二）民国时期红色政权下的乡村治理方式

新中国成立以前，中国共产党的主要改革和发展阵地在农村。为赢得最可靠的力量，并最终夺取全国政权，在积极进行武装斗争的同时，中国共产党将工作中心转移到了农村，各级党员在活动区域内深入了解农民生活，积极开展农村工作。

以毛泽东为代表的中国共产党人对农民生活状况进行了深入了解，并在农村开展了一系列社会治理工作。如组织农民发展农业，对农民进行文化教育，在农民生产活动中宣传民主思想，帮助农民解决土地问题等，为新中国成立后农村治理政策的制定积累了大量的宝贵经验。中国共产党领导下红色政权地区的政治、经济、文化、卫生医疗事业迅速发展，根据地呈现出一片欣欣向荣的局面。井冈山革命根据地的社区治理是党社区治理实践的源头，打破古代农村治理的传统模式，建立了以党组织为核心，基层政权和农民组织为辅助的全新农村治理模式，极大地满足了当时农民的需求。1931 年 11 月 7 日，中华苏维埃共和国临时中央政府在江西瑞金成立。中华苏维埃共和国中央政府在毛泽东的带领下，探索苏区县、乡、村三级政权管理体系，做到层层落实管理，层层监督负责。其一，强化广大民众的管理能力并提高民众的决策能力，为农村治理中的民主政治建设夯实基础。其二，尊重广大民众的主体性，将民众的意见以及建议反馈至上级政府，上级政府作出的决策要尊重农民的主体意愿。其三，注重党对党员干部以及群众的领导，号召广大民众贯彻党的路线，配合农

① 孙中山：《孙中山全集（第一卷）》，中华书局，1981。

村治理工作。如在农村中宣传英雄的先进事迹，定期开展党性教育活动，主动引导干部群众自觉拥护党的路线、方针和政策，在思想上和组织上强化对苏维埃的领导等。[①] 1937—1948年，在陕甘宁边区，中国共产党对农村社会进行了较为全面的变革重组：制定完善了党在农村基层组织的相关制度，确保党对农村基层政权的有效管理；强调自力更生，注重农业生产，保障军民生活；建立较为完善的多时段学习制度，通过广泛的培训，提升乡村干部能力素质；建立了各种具备现代政治意义和特征的群团组织，如妇救会等，来加强对基层政权的控制。[②] 中国共产党在这段时期对农村治理的探索，为新中国成立后农村治理工作的顺利进行奠定了坚实的基础。

三、新中国成立以来我国乡村基层治理的演进

（一）新中国成立初期的“乡村并立”模式（1949—1957年）

新中国成立初期，恢复和发展国民经济成为当时的首要任务。我国是农业大国，农村经济在国家经济发展中占据重要地位，而当时农村基础建设不足，且大部分土地掌握在地主手中，农民缺少土地，农村生产活力受到严重束缚。针对此问题，中国共产党提出农村治理的首要任务就是要彻底铲除封建剥削制度。开展打土豪、分田地等斗争成为农村解放生产力的必然要求以及巩固新兴人民政权的必要准备。1949—1952年，中国共产党汲取老解放区土地改革的成功经验，组织全国农民在农村开展了土地改革运动。1950年12月，《乡（行政村）人民政府组织通则》（以下简称为《通则》）经政务院颁布后，乡与村正式并存，被认为是基层政权。根据《通则》，“乡人民政府委员会的职权为：执行上级人民政府的决议和命令；实施乡人民代表会议通过并经上级政府批准的决议案；领导和检查乡人民政府各部门工作；向上级反映本乡人民的意见和要求。”[③] 行政村人民政府同乡政府一样具有“具体执行上级政府的决议和命令；具体实施村人民代表会议通过并经县、区人民政府批准的决议案；根据上级政府的政策与制度，办理村中一切兴革事宜；掌握与管理村财政的收支；统一领导和检查村人民政府各部门工作及向人民代表大会做工作报告等”[④] 职权。《通则》中明确指出，村政府和乡政府作为同级政府机构，在法

① 吴强：《中国共产党乡村治理的“模本”》，《毛泽东思想研究》2020年第1期。

② 王兆刚：《民国时期乡村治理的变革模式及启示》，《江西社会科学》2016年第1期。

③ 佚名：《乡（行政村）人民政府组织通则》，《河南政报》1951年第1期。

④ 杨国英：《建国以来中国的乡村治理模式研究》，硕士学位论文，山东师范大学，2009。

律上享有相同的权利和义务。并且明确规定，人民行使权力的机构是村人民代表大会以及村政府，“乡村并立”这一新农村基层治理模式正式形成。“乡村并立”模式下，中国共产党带领全国人民顺利完成了土地改革，使农民参与生产的积极性极大提高，农业人口快速增长。

而后，为进一步改善农民生活状况和调动农民参与农村治理的积极性，中国共产党领导农民采用互助合作的方法，整合农村资源，加快对农业的社会主义改造。1957年，高级农业生产合作社出现，代替了过去具有社会主义萌芽性质的“互助组”以及半社会主义性质的农业生产合作社，不仅提高了农村生产力水平、增加了农村粮食产量、极大地提高了农村资源的利用率，也扩展了农业基础设施的建设。这一时期，受到苏联权力高度集中的政治秩序及乡村传统治理理念（命令全部自上而下，各级干部听从上级政府指示和安排）的影响，对党员干部实行权力专职化管理。从国家的发展来看，“乡村并立”治理模式是当时背景下最合适的治理模式，是符合供求关系以及可以最大限度调动农民积极性的治理模式，这一模式也“有利于当时的社会动员，调动了广大农民参与政治生活的热情。它使农村社会与政府紧密地连在一起，国家借此达到了对农村高度整合的目的。”① 但“乡村并立”这一治理模式也存在问题，村级行政组织里“以党代政”现象常常出现，财政债务繁重、权力腐败等问题突出。与此同时，县级政府的治理工作时常受到基层治理单位数量以及规模的影响。

（二）人民公社时期的“政社合一”模式（1958—1982年）

1956年社会主义改造的完成和1957年第一个“五年计划”任务的超额完成，使农村生产力高度集中，这极大地鼓舞了中国人民加大力气从事农业生产的决心。1958年5月，在中共八大二次会议后，全国29个省级行政区在大规模农业合作化之下开始了“大跃进”运动。在“左倾”思想极为严重的背景下，为协调当时的生产关系，人民公社出现。1958年8月17日，《中共中央关于在农村建立人民公社问题的决议》指出，要按照“一大二公”原则，发挥各类主体的力量，建立集政治、文化、军事、社会管理等功能于一身的全能型政府机构。从此，“政社合一”开始逐步在全国范围内推广。

“政社合一”是政治与经济结合为一体的新模式，人民公社具有“一大二公”的特点。人民把村落里相同的或不同的工作全部集中到一个公社，公社的权力空前集中，社会成员的生活及生产，甚至政治权利等都要受到人民公社的

① 杨国英：《建国以来中国的乡村治理模式研究》，硕士学位论文，山东师范大学，2009。

严格监管，意味着公社不仅是一级国家政权机构，同时也是经济组织，是国家基层政权与乡村社会经济组织的重合。

在“政社合一”模式下，一切生产资料上交公社并由公社统一分配。即农民的自留地、房屋、牲畜、甚至草木、树木等都逐渐变为公社的共同财产，即使是农民私人暂时留下的少部分畜禽，也逐渐转为公有。“政社合一”是社会主义建设特定历史时期的产物，“政社合一”高度整合了农村资源，为社会主义工业化的发展提供了有力的物质支持。但在这种背景下，耕地成为了农民最担心的问题。广大农民在此管理体制下丧失了对土地的所有权以及自主经营权，土地上交给公社，农民的生产积极性和创造性受到严重削弱。在全能主义的治理模式和平均主义的分配方式下，农民慢慢习惯于吃“大锅饭”，丧失生产动力，生产力水平严重受损，农村社会生产活力缺乏，农村经济发展受到制约，国家经济下滑。与此同时，受“政社合一”的影响，农村社会中政治活动频繁，不稳定的农村社会状况严重扭曲了农民的政治观，动摇了民主政治发展的根基。

（三）改革开放后的“乡政村治”模式（1983—2016年）

随着农村生产力的快速发展，人民公社时期的治理模式已不再适应农村生产发展的要求，为推动农村社会治理，必须寻找出更适合当时农村的治理途径。随着改革开放的深化，“政社合一”逐渐失去经济基础。1982年12月修订的《中华人民共和国宪法》，明确废除人民公社制度。1983年印发的中央1号文件《当前农村经济政策的若干问题》中，提出摒弃人民公社时期政社结合的治理模式，在农村开始实施调动农民生产积极性的家庭联产承包责任制，让“大锅饭”转向更具活力的“大包干”。1983年10月，《关于实行政社分开建立乡政府的通知》的发布宣告“政社合一”的治理模式正式解体，“政社合一”退出国家历史舞台，从此“乡政村治”治理模式在中国农村治理中开启了新篇章。“乡政村治”是指乡镇机构代表国家行使对政治、行政、经济等事务的管理权力，突出政治建设，村内事务则由广大群众通过自治组织依法实行自治。村委会（一般以自然村为单位）是农村群众性自治组织，乡镇政府是村政府的上级组织，对农村的发展起引导作用。1988年6月，《中华人民共和国村民委员会组织法（试行）》的发布极大地保证了农民当家作主的权利。“乡政村治”治理模式是中国农民自己当家作主的历史性实践，其核心是村民自治。这一模式极大地推进了我国工业化进程、农村社会发展进程。直到今天，仍是我国农村社会治理中较常见的治理模式。

（四）"三治融合"阶段（2017年至今）

党的十九大把乡村振兴作为国家级战略，明确提出建立自治、法治、德治"三治融合"的乡村治理体系。《关于实施乡村振兴战略的意见》中指出，要加强建设乡村"三治融合"的治理体制。以自治贯穿乡村治理，激发民众参与乡村治理的主动性；以法治保障民众利益，增强民众法治思维；以德治教化民众，稳固民众思想基础。2019年，中共中央办公厅、国务院办公厅正式印发《关于加强和改进乡村治理的指导意见》，强调村"两委"的组织成员应互相监督，同时担任党务、行政工作，脚踏实地做好党的基层建设工作。

"三治融合"乡村治理体制的提出是一个漫长的过程，它结合了自新中国成立以来的治理经验，经历了长期实践，是最符合中国国情的乡村治理体制，同时又是推动乡村振兴战略实施的重要制度之一。这一乡村治理模式，不仅体现了"以人为本"的科学理念，还充分适应了乡村的实际发展状况，能有效保证农村和谐稳定，有助于强农、美农、富农愿景的早日实现。

第四章 Chapter 4 我国农村基层治理实践创新模式

课题组通过广泛的资料收集和实地调研，从我国东部、中部和西部地区选取了农村基层治理的几种典型的创新模式进行比较研究，重点对浙江诸暨市新时代“枫桥经验”、河南邓州市“四议两公开”工作法、湖北秭归县“二长八员”村民自治探索模式、黑龙江宝清县“四个三”农村基层治理新模式、四川都江堰市“院落单元，党引民治”模式、四川雅安市“五议决策法”等模式的形成发展、具体做法和主要成效进行梳理，为我国农村基层治理实践提供了经验总结，具有借鉴意义。

一、浙江诸暨市新时代“枫桥经验”

（一）发展历程

枫桥镇位于浙江省诸暨市东北部，是诸暨市的第一人口、地域大镇，入选浙江省百个中心镇和省首批历史文化名镇。“枫桥经验”就起源于该地，这里也是坚持和发展“枫桥经验”的重要阵地，“枫桥经验”由此不断地传播至中国各地。①

“枫桥经验”在长期的发展过程中不断完善和成熟。20世纪60年代，枫桥镇的干部群众创造了“发动和依靠群众，坚持矛盾不上交，就地解决，实现捕人少，治安好”的“枫桥经验”，针对枫桥镇的先进经验毛泽东同志曾于1963年11月20日亲笔作出批示：“要各地仿效，经过试点，推广去做。”②2003年，习近平同志也针对“枫桥经验”的坚持与发展作出指示，要求“要

---

① 卢芳霞：《新时代“枫桥经验”：中国特色基层社会治理的典范》，《人民法治》2019年第4期，第13－21页。

② 张云飞：《群众路线在国家治理中的丰富实践》，http：//www.cac.gov.cn/2021－01/13/c_1612110571878884.htm，访问日期：2022年8月1日。

充分珍惜‘枫桥经验’，大力推广‘枫桥经验’，不断创新‘枫桥经验’。”① 枫桥镇在工作实践中坚决贯彻落实平安建设思想，创新发展“枫桥经验”，保障社会稳定。2013 年 10 月，习总书记对坚持发展“枫桥经验”再次作出重要指示，提出“把‘枫桥经验’坚持好、发展好，把党的群众路线坚持好、贯彻好。”至此，枫桥镇在坚持群众路线的基础上，创新社会治理，努力开创共建共治共享新局面，开拓“枫桥经验”2.0 模式，成为新时代中国特色社会主义基层社会治理的模范样本。

（二）具体做法

新时代坚持和发展“枫桥经验”的关键是在开展社会治理的过程中实行“五个坚持”，即坚持党建统领社会治理，坚持以人民为主体进行社会治理，坚持自治、法治、德治融合治理，坚持互联网智慧治理，坚持创建共建共治共享的社会治理新局面。

1. 坚持党建统领社会治理

党建统领是新时代“枫桥经验”的政治优势，反映了新时代“枫桥经验”的本质特征，明确了基层社会治理的准确方向。习近平总书记在党的十九大报告中明确指出，“中国特色社会主义最本质的特征是中国共产党的领导，中国特色社会主义制度的最大优势是中国共产党的领导”。枫桥镇把党的基层组织作为创新社会治理模式的“顶梁柱”，充分发挥基层党组织和党员干部的带头作用，积极创新“党建＋”模式。如充分发挥基层党组织统领作用，高效整合基层力量资源，加强基层党建，创新基层党建工作的方式方法；推进党建工作与基层社会治理深度融合，把党建作为引领基层治理的“牛鼻子”，深入实施“党建＋基层治理四平台”“党建＋社会治理”“党建＋新农村建设”等“党建＋”模式，使基层治理与基层党组织建设实现有机衔接、良性互动，以党建保障基层治理、引领基层治理；实施党建工作清单制，结合当地重点任务和重点工作，制定年度党建工作目标清单、责任清单和任务清单，使党建工作责任层层落实、工作目标具体明确。

2. 坚持以人民为主体进行社会治理

以人民为主体是新时代“枫桥经验”的核心观念，实现人民的利益是新时代“枫桥经验”的价值导向，“为了群众、依靠群众”是新时代“枫桥经验”的生命力所在。枫桥镇 60 多年前依靠群众的力量，把大部分“四类分子”改造成为社会主义新人，而后又依靠群众的力量不断深入探索基层治理的新模

① 人民日报评论员：《让“枫桥经验”在新时代发扬光大》，《人民日报》2018 年 11 月 13 日第 1 版。

式，多年来“群众路线”就是“枫桥经验”的核心。“枫桥经验”最为突出的亮点就是其处理矛盾的协调机制，率先确立“社会治安综合治理”的策略，将村内矛盾在村内及时解决，并使村民满意。新时代“枫桥经验”也同样要坚持源头治理，着重发挥基层组织预防和化解社会矛盾的作用，强调矛盾纠纷的多元化调解思路。比如，想群众之所想，从民怨最集中的事务开始，从群众“厌恶”的事情着力，预判群众最急迫的诉求，将矛盾纠纷化解在基层和源头；推动“党政动手、依靠群众，源头预防、依法治理，减少矛盾、促进和谐”的新局面形成，并积极推进“互联网＋公共服务体系”建设，推动政府、专业人士、社会组织等多方力量的共同参与；构建以人民调解为基础，联合司法、行政、仲裁等资源为一体的系统化调解格局。

3. 坚持自治、法治、德治结合治理

“三治融合”是新时代“枫桥经验”的精髓所在。中国特色社会主义新时代的乡村治理强调自治、法治、德治相结合，化解的是在政治、经济、文化、社会、生态建设过程中产生的基层矛盾。“三治融合”是新时代“枫桥经验”的创新实践路径，而路径创新恰是新时代“枫桥经验”的实践特质，具体包括：

第一，完善社会治理的自治基础。一是按照民主自治原则和《村民委员会组织法》，协助基层制定完善的社区公约或村规民约。社区公约、村规民约是国家法律法规在基层的延伸，要从法制层面落实自治基础，激发自治活力。同时，利用社区或村的相关法律资源，在制定修订社区公约、村规民约的过程中严把法律关，充分运用法律知识助推自治章程、社区公约或村规民约全面完善。二是健全落实四大民主制度。完善落实民主选举制度，确保选举过程透明公开，严格规范选举程序及选举纪律；完善落实民主决策制度，按照“三上三下”民主决策机制进行决策，认真听取并考虑群众意见，通过民主协商对与群众切身利益紧密相关的重大事项和决策进行商讨，并积极咨询专家意见，通过民主听证会、百姓议事会、乡贤参事会等机制，实现民事民议、民务民晓、民事民评；完善落实民主管理制度，严格执行财务管理、工程招投标管理等制度，严格实施自治章程、社区公约或村规民约等相关村务管理制度；完善落实民主监督制度，推进基层自治组织村务、财务公开，制定“权力清单”“监督责任清单”，并通过多种手段如公开栏、有线电视或广播等形式进行公开，提高组织事务透明化程度。

第二，完善社会治理的法治基础。一是在注重国家制定的相关规范性法律文件如法律、行政法规、地方性法规、自治条例、单行条例和规章等“硬法”作用的同时，也要注重社区公约之类“软法”的作用，推动“硬法”“软法”相互融合，形成健全的法律规范体系和实施体系。首先，善于通过地方立法，

依法及时制定、修订适用于基层的地方性法规，形成枫桥地区基层社会治理的法律规范。其次，通过制定或修订社区公约、村规民约、行业规范、社会组织规范，建立了符合地方特色和实际的“软法”规范体系。最后，以法治精神为指引，积极进行“法律体检”，保障“硬法”与“软法”的协调运行，通过物质、精神或强制途径，强化“软法”的落实成效。二是打造了一支高质量的法治建设人才队伍，实施“法治惠民工程”。通过积极选拔，培育以基层干部为主的“法治模范领头人”，挖掘具有法律专业背景的干部、群众代表，提高法治队伍人才质量，提升基层法治服务能力。对在尊法、学法、守法、用法中表现突出的家庭进行表彰，并开展了常态化法治文艺表演，还举办了法治讲座、法律咨询等法律服务活动。三是健全人民群众依法维权机制。通过构建完善的基层公共法律服务体系，有效整合律师事务所、辖区法律服务所等资源，建立高标准村镇公共法律服务点，并通过农村法律顾问的“每月开展一次下村走访、一次法律援助和咨询，每季度举办一次法治大讲堂、对村务进行一次法律审查，每半年针对提升依法治村水平制定一份建议，每村建立一卷年度法治档案”的“六个一”管理机制，为广大民众提供及时、便捷、高质量的法律服务。

第三，完善社会治理的德治基础。枫桥镇凭借其深厚的人文历史底蕴，始终坚持以文化人、以德润心，枫桥镇悠久的德治传统对于当地淳朴民风的塑造起到了十分重要的作用，也大力助推了基层社会治理的发展。枫桥镇实施枫桥式道德体系建设工程，打造体系完备、机制健全、运转有序的公民信用体系，并大力发展社会主义先进乡村文化。与此同时，充分继承和发扬枫桥尊师重教、耕读传家的“耕读文化”，邻里协商、尊法说理的“法理文化”以及“三贤文化”和“乡土文化”的文化传统与文化优势，进一步传承良好的家训家风和村风民俗，积极培育现代公民精神，推动社会德治的发展。

4. 坚持互联网智慧治理

互联网智慧治理是新时代“枫桥经验”的最新发展。通过对互联网大数据、人工智能等现代科技手段的充分运用，新时代“枫桥经验”中的社会治理实现了由“传统治理”向“传统治理＋互联网智慧治理”的模式升级，新模式的构建，有助于全面提高基层社会治理的效率与质量。比如，运用网格化管理手段，将数字化管理思维融入综治工作、市场监管、综合执法、便民服务等四个功能平台建设之中，建立一体化网络治理服务体系，整合了资源力量，扩大了信息覆盖面，实现了信息系统优化以及事件及时处理；还将“互联网＋”融入矛盾化解、公共安全、司法执法、基层自治、诚信体系等重点领域，探索建立“大数据＋人民调解”“党建＋互联网＋社会治理”“互联网＋社会治理”“互联网＋公共安全”等新机制，实现了基层治理由“线下”向“线上线下相结合”的转型升级。

5. 坚持共建共治共享

坚持共建共治共享是坚持新时代“枫桥经验”的重要路径。要充分调动并整合党委、政府、社会、公众等各方力量并发挥各方优势，提高整体治理效能。以人人有责、人人尽责、人人享有为目标实现由群防群治向共建共治共享的升级。开展灵活多样的城乡社区协商民主，推动百姓议事会、乡贤参事会、“三上三下”等民主决策机制的建立与使用，广泛动员群众参与决策，把协商民主与基层社会治理有机结合起来，提高村级事务民主协商的比例。通过网络平台或QQ群、微信公众号、微信交流群等多种信息途径，推动“民事民议、民事民办、民事民管”。发挥村规民约、社区公约的自治自管作用，落实村规民约乡镇（街道）备案制度，进一步提高村级事务透明度，形成“村干部有章治理、社会组织有机补充、村民有序参与”的自治局面。枫桥地区在城乡社区治理、政府公共服务购买、公益慈善事业发展、环境污染治理、基层综合执法、矛盾纠纷化解等领域涌现出许多政府治理、社会调节、居民自治的成功案例。近年来，枫桥地区积极拓展基层政府购买公共服务的渠道，寻求基层公共事务合作共治的新途径。同时，大力培育各类社会组织并引导和支持其发展。以志愿者组织为例，枫桥义工联合会、红枫义警协会、一米阳光志愿服务协会、枫桥大妈志愿队、反家暴协会等社会组织在推进“平安枫桥”“法治枫桥”建设、组织公众参与社会治理、推动政府职能转变、提高社会治理效能上发挥着举足轻重的作用。

（三）主要成效及评价

60多年过去了，“枫桥经验”没有被时代淘汰反而愈发成熟，走在了国家基层社会治理改革的前沿，为如今的基层社会治理提供了良好的范本，值得深入学习与借鉴。

1. 要坚持党的领导，统筹培育多元主体共治的现代治理格局

学习“枫桥经验”，必须不偏不倚地围绕党和国家改革发展主线，既要坚持党的基本路线不动摇，又要坚持创新，与时俱进；既要坚持党对一切工作的领导，又要充分发挥多元主体的创造性、主动性。多元主体共治就要求我们要改变过去习惯于管制、控制的思维方式，更多地通过民主的方式进行管理治理，着力解决当前基层社会治理中存在的主要矛盾和问题。

2. 坚持群众路线，以人民为中心

人心是最大的政治，脱离群众是执政党最大的危险，群众是基层社会治理的关键部分，所以基层社会治理也必须坚持以人为本，走群众路线。将基层治

理融入群众，就要以人民为主体，想方设法提高人民的参与度与满足感，着力解决人民群众最急迫、最紧要的现实问题，实现真正意义上的一切为了人民，一切依靠人民，从群众中来，到群众中去。

3. 着眼长远，提高人才储备量

“枫桥经验”形成于20世纪60年代，当时我国经济发展水平还不高，城乡差距尚未拉大，农村自给自足的小农经济仍是当时主要的生产方式，大批可塑的优秀人才选择就地就业，这些优秀人才成为枫桥地区基层群众探索乡村自治模式的中坚力量。在改革开放40多年后的今天，在我国经济发展水平得到大幅度提升的同时，农村“空心化”成为阻碍乡村治理改革创新发展的因素。因此，乡村人才队伍建设是当前创新基层社会治理的基本着力点，迫切需要加快推进人才引进与人才激励政策的改革，进一步吸引人才、留住人才。大力推动人才队伍建设，是实现乡村社会治理改革创新的重要抓手。

4. 立足实际，促进各要素融合迭代

在创新基层社会治理方式的过程中，首先，在整体上要坚持中国特色社会主义，在局部上既要吸收借鉴先进地区的优良成果，又要立足各地区的实际情况，及时准确调整、改革和创新治理机制、模式、方法。其次，经验借鉴必须立足我国国情、各地区区域情况，抓住地区特色，实事求是地将“枫桥经验”与当地基层社会治理需求相结合。最后，推动基层社会治理改革创新是一项系统性的综合工程，需要动员和凝聚多方的资源力量，要积极促使各种要素不断融合迭代，通过统筹各方资源，优化资源力量整合机制，切实提高基层社会治理成效。只有这样才能推动多元主体共治的现代法治格局的形成，并进一步推进符合新时代中国国情的治理体系建设。

二、河南邓州市“四议两公开”工作法

（一）发展历程

21世纪伊始，农村内部的经济发展方式、社会发展方式和各农村组织的地位都发生了显著变化，由此导致利益格局与各相关利益主体的变化与调整。在此背景下，农村基层党组织老一套的工作方法和工作作风、工作理念已经不再适应时代发展的要求，暴露出种种问题。比如在农村工作开展的过程中，有些村党支部定位不准，难以与村委会有效融合与统一；少数党员干部不适应管理角色的转变，经受不住诱惑，出现损害群众利益的违纪行为；村庄经济发展、基础设施建设和公益事业推进困难加大。老一套的做法急需改变，但新的工作方法尚未成型，工作开展陷入两难局面。因此，为了妥善处理各治理主体

之间的关系，河南省邓州市在2004年对村庄民主建设进行了初步探索，创造性地提出了处理农村内部决定重大事项、解决重大问题的“四议两公开”工作法。此后“四议两公开”工作法进一步完善，并逐渐受到重视。2006年，河南省南阳市在全市农村范围推广运用了“四议两公开”工作法，成效显著；2009年4月，时任国家副主席的习近平同志赴河南调研时，充分肯定了“四议两公开”工作法，并要求在河南率先推广，随后河南开始在全省村级组织推广“四议两公开”工作法，并配套了相关实施细则。2009年11月，中组部要求将“四议两公开”工作法在全国农村全面推广。2010年7月，胡锦涛同志在河南考察时指出：“河南在农村基层组织建设中创造出‘四议两公开’工作法，目前正在全国农村推广。希望你们总结经验，继续探索，把基层党建工作做得更好。”2011年3月7日，时任国家副主席的习近平同志在参加十一届全国人大四次会议河南代表团审议时再次对“四议两公开”工作法予以充分肯定，并表示“这个办法全省、全国都在推广，像这样的探索在基层各个领域要倡导和支持。”“四议两公开”工作法于2010年、2013年、2019年三度被写入了中央1号文件，还被写入了《中国共产党农村基层组织工作条例》。

（二）具体做法

“四议两公开”工作法包含两大基本原则，一是必须坚持村党组织的领导，所有重大事项的审议与决策必须在村党组织的领导下开展；二是必须完全肯定“四议两公开”工作法，所有重大事项决策程序必须严格按照“四议两公开”工作法实施。

“四议”主要指以下四个方面。一是村党支部会提议，即对于所有村级重大事项的决策，都要及时召开村党支部会议研究，广泛充分征求干部、党员和村民意见，并提出初步结论进行表决，直至表决通过。二是村“两委”会商议，即通过召开村党支部和村委会“两委”会议，针对村党支部的提议进行充分讨论。根据实际情况，若分歧较大，可按照少数服从多数的原则，采用口头、举手或无记名投票等方式进行表决，形成商议意见。三是村党员大会审议，即通过村党员大会讨论审议村“两委”会议商定的重大事项。首先，应在党员大会召开前将相关事项传达至每一位党员，给予其足够时间开展群众意见征询；其次，党员参与人数达到党员总数2/3以上才可召开党员大会进行审议，审议事项应经到会党员半数以上同意才可进一步提交至村民代表会议或村民会议表决；最后，村“两委”要认真吸纳党员大会意见并形成实施方案，同时组织党员深入农户做好方案的宣传解释工作。四是村民代表大会或村民大会决议，在村党组织领导，村委会主持下召开村民代表大会或村民大会，最终表决村党员大会通过的重大事项，参加会议人数必须符合《村民委员会组织法》的规定，讨论事项必须经全体村民代表或到会村民半数以上同意才可通过。

“两公开”是指以下两方面。一是决议内容公开，将村民大会通过的决议具体内容通过村级活动场所和各村民小组村务公示栏予以公告，公告时间原则上不少于7天，在公告期间接受任何不同意见的提出。二是实施结果公开，村党支部组织决议事项的实施，村委会负责具体落实开展，最终实施结果要及时、实事求是地向全体村民公布，确保决议内容落到实处。

“四议两公开”工作法是党管农村与村民自治有机统一的制度安排。这种工作法有效落实了党的领导，实现了发扬民主和依法办事的有机结合，良好的决策收效促使村干部和党员、群众更加积极地自觉运用“四议两公开”工作法进行决策，极大地推动乡村治理局面由“组织强制干”到“农民主动干”的转变，使得村干部与群众之间由对立转为团结。工作法也使得村级组织权力运行的透明度极大提高，提升了村级组织权力执行的认可度，成为提升基层治理能力、决策能力，加强基层党组织建设，促进干部作风转变的工作法宝。

（三）主要成效及评价

1. 符合马克思主义民主建设的发展规律

“四议两公开”工作法主要通过民主决策、民主管理、民主监督层面的改革创新来提高基层社会治理的有效性。在《共产党宣言》中，马克思和恩格斯阐明了“人民民主是社会主义的生命，没有民主，就没有社会主义”的基本原理。毛泽东同志在回答黄炎培关于中国历代兴亡周期规律的问题时也指出：“我们已经找到了新路，我们能跳出这个周期律。这条新路，就是民主。只有让人民来监督政府，政府才不敢松懈。只有人人起来负责，才不会人亡政息。”后续各届领导集体也都十分强调民主的作用，要求积极推进基层民主建设，充分发挥基层民主的作用。“四议两公开”工作法是马克思主义中国化的优秀实践成果，是村民手握权利的真实写照。

2. 实现了发扬民主和依法办事的有效结合，提升了村级管理水平

“四议两公开”工作法在制度和程序上有效地落实了党的领导，实现了发扬民主和依法办事的有效结合，一定程度上促进了干部群体领导能力的提升，极大地转变了农村党员干部的思维方式、工作方式，也丰富了群众参政议政的途径。既保障了村民的知情权、参与权、表达权和监督权，又增强了决策的合法性与科学性，提高了村级组织权力运行的公开性与透明度，发挥了基层党组织在推动农村技术变革、带动经济致富、密切联系群众、维护基层稳定中的“领头雁”作用。

3. 改善了农村干部与群众之间的关系

"四议两公开"工作法将民主落实到基层，使得参与决策有渠道，监督决策有保障，检验决策有回应，让广大群众有资格参与村级重大事务管理，保障了村民当家作主的权利，从而有效缩减了权力运用的灰色地带，预防并减少权力的不当使用，提高了处理矛盾和解决问题的效率。邓州市自推行"四议两公开"工作法以来，农村信访量下降了74%，其中，集体访、越级访下降了95%。

4. 提升了农村经济发展速度

"四议两公开"工作法作为民众参与治理的重要手段值得广泛推广与运用，通过农民自己议、自己定、自己干，农民群众由农村事务的旁观者转变为参与者，主人翁意识得到了极大提升。"四议两公开"工作法汇集了人民的智慧与力量，为农村集体经济注入了生机与活力，成为农村经济发展的助推器，从而促进广大农村经济发展提速，促进农民发家致富。

三、湖北秭归县"一长八员"村民自治探索模式

(一) 发展历程

为了切实解决当前由于农村社区规模和社区服务半径过大而造成的村民自治功能难发挥、社会管理服务难到位等问题，地处鄂西北的湖北省秭归县立足山区特点和县情，在充分调研的基础上，于2011年4月创造性地提出了创建"幸福村落"的战略构想。2011年6月，"幸福村落"试点工作在秭归县三镇三村逐步展开，次年12月，秭归县在全县范围全面推进"幸福村落"创建工作。

所谓"幸福村落"建设，是秭归县对于乡村社会治理模式的创新探索，是秭归县当地政府在村落社区建设中引入的一套自治机制。该机制通过建立"一长八员"和村落理事会两项基本制度，进一步激发村落群众的自觉行动，在自觉行动中培育和生产乡村社区公共产品，最终实现乡村公共产品的自觉组织生产和供给。"一长八员"是当地"幸福村落"治理模式下培育出的特有制度，由"一长八员"组成村落理事会，"幸福村落"的乡村社会治理职能主要通过村落理事会实现。

(二) 具体做法

1. 治理的组织体系双线运行

在秭归县"幸福村落"村落治理的组织体系中，实行党的基层组织体系

和村落群众自治体系双线运行。在明确村党组织在“幸福村落”建设中的主体地位基础上，每个村落成立理事会，并由群众民主推选出“一长八员”。“一长”即理事长，同时也是这个村落的党小组组长，“八员”即经济员、宣传员、帮扶员、调解员、维权员、护林员、环保员、张罗员。由他们负责管理村落里的具体事务，涵盖农村的政治、经济、社会、文化、生态等领域的工作。

村党支部负责组织开展村党支部和村委会的有关工作，如负责带头发展村庄经济，组织支部党员进行政治学习，参加党支部的会议和活动，请党员对村庄建设提出意见和建议，组织开展党员团员民主评议活动，协助落实基层党组织和上级党委会的工作等。在村落群众自治体系中提名有能力的村落党小组长兼任村落理事长，优先推选党员担任村落“八员”，按照“双线运行、三级架构”治理模式，调整优化“幸福村落”组织体系架构。村落一级的设置上，在方圆 1～2 平方公里内，由 50～80 户农户组成一个村落，以村落为单位，成立理事会，由“一长八员”带领村民共同创建“幸福村落”。

2. 明确责任主体的主要职责

村落社会管理工作的第一责任人是村落理事长，村落理事长要落实村落理事会交办的工作，对辖区内经济发展、民生建设、矛盾纠纷调解和社会主义核心价值观宣传等工作负责。首先，要动员和组织村民支持并主动参与村庄重大项目和基础设施建设，努力改善生产生活条件，提升村民生活质量。其次，要对村民的意见表达予以支持，及时归纳整理村民提出的意见和建议，并召集相关责任人或召开村民大会进行集中讨论，针对问题提出整改措施及落实办法。最后，致力于建设平安幸福村落，一方面加强安全宣传教育工作，提高村落社会环境的安全性；另一方面要对村落内的留守老人以及留守妇女和儿童予以更多的关注，积极号召村落内村民保护和帮助弱势群体和困难群众。

经济员主要负责村落经济发展，在结合当地实际的基础上推动多种形式产业化生产与经营的发展。加快落实村落农业产业结构调整和新型农业技术、优良农作物品种的引进推广，倡导村民互助合作，提高集体经济实力，牵头拓展农产品的销售渠道，保障农产品销售总量，努力做到“应销尽销”。宣传员主要负责落实党和政府在农村的各项方针政策、法律法规的宣传工作，让党的方针政策在群众中生根发芽；要积极引导村民树立正确的生产、经营、致富理念，对适合当地实际的现代化农业生产方式、商业营销手段等各类致富知识多加宣传。文化宣传方面，在传承保护村落传统民风民俗和文化艺术的同时，还要积极引入新时代新文化，形成村落文化新风尚。帮扶员主要负责向群众宣传各项扶贫救助政策，并主动了解掌握村民实际困难，及时向相关部门报告村落内困难人员的家庭情况。除做好个人表率，也要积极动员村落群众为帮助弱势和困难群体贡献力量，保证帮扶落实到户。调解员要重点关注村落内各家庭内部及邻里之间的关系，同时也需要关注村民与干部之间的关系，要及时发现问题，解决问题，要主动了解矛盾纠纷，调解纠纷。同时要帮助村民树立正确的价值观、道德观，引导村落群众与群众、群众与干部之间和谐相处。维权员主要负责向村民宣传人民权益，向村民提供免费法律咨询和服务，协助村民树立法律意识，维护村规民约，保护村里弱势群体的合法权益不受侵害。护林员应当对村里的山、水、林、田、路、电等公共资源和设施进行管理，对于发现的受损情况，应当及时要求村主任组织维修。环保员要向村民宣传环保法律法规，及时通报村里的重大环境污染情况，指导村民积极做好家庭环境卫生、村卫生工作，共同营造健康、清洁、舒适的生产生活环境。张罗员主要负责引导村落民风民俗的发展与转变，推进移风易俗，主动张罗组织村落群众的红白事，使得村落内良好的传统民间习俗和村落文化得到传承；并组织村落群众开展丰富多彩、健康有益的文艺表演活动，体育或科普竞赛活动和其他丰富村民生活的娱乐活动。

3. 规范选举制度，落实村落理事会职责

按照《村落理事会建设章程》，每个村落理事会设理事长一名，村落“八员”3～8名。各村落直接选举理事会成员，再从理事会成员中推选一名理事长，理事会成员一人可兼任“多员”。当选村落理事会成员的条件是“接受党的领导，坚持四项基本原则；作风正派，办事公道；有牵头和主持工作的能力；在群众中有一定威望，能起模范带头作用；有奉献精神，愿意为村民服务；身体健康；无不良记录。”在新任理事会成员的选举中，现任理事会中的9人（最多）均不参与候选人提名，而是以村落为单位召开村民大会，经民主海选，一人一票民主选举产生，按照无记名投票方式选举出理事会成员，获得参加投票人数过半数选票的人员方可当选，但需要本村落2/3以上村民或户主参加选举才视为有效选举。村落理事长的选举在村党支部和村委会的监督下进行，村落理事长通过差额选举方式产生。其他理事会成员也必须通过差额选举产生，可以是八个不同的人当选，也可由一人兼任数职。每个人根据自身能力的大小，可以身兼数职，所以理事会成员人数不等，最少3人。

村落理事会每3个月组织召开一次村民会议，会议主要包括两部分内容：一是传达和学习党和政府最新的会议精神和政策文件；二是向村党支部、村委会报告村落理事会的季度工作情况，并在向村民征询过关于村落发展方面的意见的前提下对下一季度工作计划进行汇报，通过村民大会认可后，对下一季度的工作重点予以确认。每个月召开一次“一长八员”的理事会内部会议，主要商议和安排本月村落工作的重点难点，并讨论如何具体落实，同时，“一长八员”会议也可根据工作任务的需要，随时召开或适当推迟召开。每年年底，村“两委”干部要召集“一长八员”组织开展村民会议，村落理事会成员在村民大会上进行述职，并完成工作测评，测评结果要对全体村民公开。

（三）主要成效及评价

第一，不断改善当地党群干群关系。“一长八员”有效凝聚了村民，而村落理事会成为党和政府与农民群众联系的桥梁纽带，较多村级疑难杂症在多方的共同努力下得以解决。多项公益事业建设成功开展，农民群众对党和政府的信任逐步增强，党和政府的方针政策、决策能够得到全面地贯彻实施。

第二，充分发挥党员干部、村干部的模范带头作用。在村落理事会的努力下，村落内有能力、有威望、热心肠的人被充分调动起来。通过自我管理，自我服务，巩固了村民对村落理事会的信任，也有效地解决了在开展工作时由于村干部人员短缺而产生的问题。能人带头作用明显，推动了农村产业发展。“一长八员”激发了干部做事的热情，让干部能够人尽其才，为推动产业发展做出贡献。

第三，不断改善农村基础设施情况。在政府的大力支持下，村落通过政府拨款和自筹的方式，投工投劳①进行了新修公路、维修公路、新修水渠、维修改造水渠等工程建设，使得当地交通运输及用水条件得到极大改善。如郭家坝镇百日场村 10 个村落的 618 户村民，通过自筹资金新修果园田间公路，解决了柑橘运输不畅的问题。

第四，进一步化解基层矛盾，维持乡村稳定。无论是调节矛盾纠纷、整治环境卫生等社会事务，还是操办红白事等乡村日常事务，村落理事会都积极承担责任，而“一长八员”发挥了尤为重要的作用，因对各家情况了解深入，他们更能准确把握村民之间的矛盾，往往能高效化解纠纷。

“一长八员”模式的出现和实施，较好地解决了当前农村内部治理过程中出现的因职责范围不明确导致遇到难事、愁事相互推诿、无人管理的问题，确保村落自治功能的发挥。由于明确了职责范围，村民有事可以找到专门的人解决，提高了问题的解决效率，同时也使得村落理事会赢得了村民更多的信任与支持。基层政府角色应定位为“有限政府”，避免一手包揽众多事务，要做好服务工作，给予村民自治更多的便利空间，充分调动和发挥群众自治的积极

① 投工投劳：在农村修路、打井等工程中，国家或集体投（筹）资，作为受益方的农民则参与一定天数的施工劳动。

性。村民会议的定期召开也在更大程度上确保了治理的有效性，推动治理结果公开化，提高治理人员工作的严谨性，增强其服务意识与责任意识。“一长八员”模式有效推动了当地经济、文化、生态、基础设施建设等方方面面的进步，同时切实改善了村落的政治环境，使得村民们都能够、都愿意积极参与治理，建设自己的家园，该模式对推动基层民主协商建设有重要借鉴意义。

四、黑龙江宝清县“四个三”农村基层治理新模式

（一）发展历程

近年来，黑龙江省宝清县始终把“三农”问题作为工作的重点，培养打造一大批“头雁村”带动农村经济社会发展，“四个三”模式在宝清县朝阳乡红日村发展起来。红日村作为宝清县朝阳乡下辖村，是一个典型的传统农业村庄。红日村党支部作为“领头雁”，在积极带领村民勤劳致富的同时，探索出一条颇具特色的村庄发展之路。归纳起来，将解开“三把锁”、打开“三扇门”、读好“三本书”、打造“三新风”融入“三治合一”体系中。该村探索的基层治理与经济发展融合共进的道路使得该村的村容村貌日益改善、经济发展日新月异。红日村成为村级基层治理的典范，其经验得到广泛推广。在2017年举行的全国精神文明建设表彰大会上，宝清县朝阳乡红日村荣获“第五届全国文明村”荣誉称号。2021年，红日村党支部被评为“全国先进基层党组织”。

（二）具体做法

1. 解开“三把锁”

一是解开思想的锁。红日村的耕地面积不足1万亩[①]，以种植大豆、玉米为主，该村人均收入处于较低水平。如何带领该村致富是一个不小的难题。村党支部书记想到了一个好法子，即通过流转土地的方式促进该村的收入增长。村“两委”班子商议后决定实施土地流转的策略，陆续带动该村流转土地3 000余亩。在该村土地流转成功经验的基础上，村党支部积极使得全村的集体收益增加。2016年，该村仅土地经营一项的年增收就达到了500余万元。思想的解放为该村的发展引领了正确航向，该村走上了致富之路。

二是解开经营的锁。经营是影响乡村收入的关键要素。红日村能够抓住市场规律，迎合市场需求，规避市场风险，在“全村融入社区”的基础上，为农

① 亩为非法定计量单位，1亩≈666.67平方米。全书同。

民争取加入专业合作社的机会。为了让农民充分了解进入合作社的好处，村“两委”班子成员付出了很大的努力去开展宣传与沟通工作。功夫不负有心人，该村的村民都加入了名为“红太阳谷物种植农民专业合作社”的组织，农民的耕地全部实现了规模化经营，新经营理念也深深扎根于村民的心中。

三是解开潜能的锁。近年来，红日村推行土地流转，实行规模化经营，积极发掘自身潜能优势。该村能够将潜在的资源优势进行充分整合与利用，以此获得更多的生产与经营活力。该村领导班子不仅邀请专家对农户开展专业指导，还全力解决农户资金缺乏的困难。村“两委”与信用社等金融机构合作，为该村的养殖事业提供贷款，这就为发展养殖业提供了资金保障，激发了养殖产业的潜能。可以说，该村一直在积极挖掘发展潜能，还有很多活力等待被激发。

2. 打开“三扇门”

一是打开议事的大门。在村委会设立的议事制度充分反映了该村对营造村务公开氛围的重视。群众不仅有知情权，也有议事权。该村把每周三作为村民议事日，村民把内心所想所感表达出来，通过讨论交流，村干部能更好地了解村民的想法。村民是村民自治的主体，不是“局外人”与“旁观者”。可以说，议事制度得到了有效实行，针对整理出的多项议题，村“两委”都能拿出有效的、具体的解决办法，切实将制度优势转换为治理效能。另外，网上议事厅的设立，进一步拓宽了群众反馈问题的渠道。

二是打开决策的大门。为实现乡村治理民主有效，红日村进行了“四议两公开”制度的探索。该村专门设置了村务公开栏，并通过规范民主议事程序关注群众内心所想，群众监督有效提升了村“两委”班子决策的正确性。总之，无论是贫困户的低保发放问题，还是进行危房改造的问题，抑或是进行乡村基础设施的翻修，该村作出的绝不是“一刀切”式的决策，而是在规范秩序的基础上进行，力求实现透明与公开的决策。

三是打开监督的大门。在乡村，小微权力的腐败不能忽略，因此权力运行必须接受监督。把谁作为监督的主体是必须要考虑清楚的问题。红日村组织了村务监督委员会来监督权力，这一组织充分发挥了监督作用，定期监督本村财务收支情况、土地经营状况等，并把结果及时向群众发布，确保村集体资金使用的规范性。另外，《村务监督委员会管理规定》等 7 项监督制度明确规定了村务监督委员会的工作职责和工作办法，为防止权力的滥用提供了制度保障。

3. 读好“三本书”

一是读好政策的书。政策对于乡村的发展往往有一定的指导作用且能惠及农户。红日村充分依托国家惠农利农政策，实现致富增收。“三项补贴”政策、农资综合补贴进一步提升了村民的种植积极性。村党支部在读好政策这本书的基础上，将理论与实际相联系，不仅能准确掌握政策导向，还能积极担当作为。该村与县里的职业技术学校以及就业局等单位都建立了合作关系。另外，该村还对有需要的青年开展了电焊等技能的培训工作，让没有工作的村民能有一技之长。

二是读好科技的书。科学技术是第一生产力，读好了“科技”这本书，很多问题都迎刃而解。红日村党支部为村民争取技术培训的机会，联系县级以上的技术专家，为农民们开展多元化技术培训。通过现场指导，集中解决村民在田野遇到的农业技术问题。同时，村党支部积极宣传农作物新品种和育种新技术，把新品种、新技术、新成果的应用落到实处，开创了新局面。除了宣传，村“两委”班子更注重实践经验的分享与问题解答，召集养殖能手现场分享技术经验并解答村民们的疑惑。

三是读好特色的书。所谓特色，就是“人无我有，人有我优”。以前种植竞争力不强的高油大豆，后来通过红日村积极抢抓高蛋白大豆市场实现了翻身。2016 年全村种植高蛋白大豆 200 余亩，2017 年扩充至 6 000 余亩，该村抓住了市场机会，把握住了市场导向，劳动村民增收 400 余万元。在“大众创业、万众创新”政策的引领下，有村民探索起了“庭院经济”模式，在庭院种植观赏类多肉植物，每年可以吸引众多游客，并实现万余元的年均创收。

4. 打造“三新风”

一是打造新民风。实现“乡风文明”是乡村振兴战略的目标之一。红日村党支部以党建工作为引领，主动增强村民的获得感、幸福感。同时，由党员干部带头参与的文娱活动极大地丰富了村民的文化生活。以前村民的文化生活说教性强，而今像“扭秧歌”等活动使农民的参与感提升。村民与干部一起参与其中，民风朴实，寓教于乐。目前，村党支部的号召力和凝聚力显著增强，集体经济发展得更好。以前聚众打牌甚至赌博的现象没有了；邻里之间交流变得更多，矛盾纠纷减少，关系融洽；天价彩礼、人情泛滥的情况也减少了。该村为弘扬新时代新风尚付出了有效努力，“省级文明村”实至名归。

二是打造新家风。家风是一个家庭当中的风气，是需要家族成员坚守的价值准则。家风好，家业才能兴旺。可以说，只有“小家”的家风文明，才能促成整个村的村风文明。红日村积极通过乡村文化建设，力求在思想上营造“人人争创良好家风”的氛围。该村开展“五好家庭”评选活动，不仅以多种形式宣传“好家风”，强调营造良好家风的重要性，还通过讲好身边的故事，用身边实际的榜样事迹去教化村民践行好家风。好的家风不仅能使乡村保持和谐稳定，还是一种生产的动力，可以不断促进该村经济的发展。

三是打造新乡风。家风美，乡风才能更美。乡风是一个村有形与无形文化的表征，内容涉及村规民约、伦理道德等。村“两委”非常重视调查研究的工作方法，班子成员曾花费将近一个月的时间入户去采访村民、与村民沟通交流、征集村民的意见建议。在收集的资料基础上精准分析村民的反馈意见，制定符合该村实际的《村规民约》，并获得村民的认同与赞赏。另外，通过开展“五好文明家庭”“党员评星定级”等评选活动，该村村容村貌焕然一新，乡风更加文明淳朴。

（三）主要成效及评价

红日村在基层党建引领下，实现了乡村有效治理。不仅在经济发展上小有所成，在文化建设、精神文明建设等方面也取得了一定的成效，包括以下几方面：

一是村民生活水平的提高。在村民人均收入方面，该村的村民人均纯收入由 2008 年的不到 1 万元提高到 2016 年的 1.6 万元，年均增长超过 6%；在农业生产总值方面，2016 年，达到了 734 万元，同比增长 8.2%。收入的增长给当地村民带来了更好的物质生活。

二是村容村貌的改善。近年来，通过村党支部的努力，该村对硬件设施进行了优化，比如修缮村内的街道，改造村内的泥草房，安装太阳能路灯等；该村还积极投入资金打造文化基础设施，建设美丽乡村，比如栽种绿化树木 2 500 棵、景观花 10 000 余株等，真正实现了村容村貌的改变。

三是乡村文化建设收效良好。通过打造家风、乡风、民风的一系列活动，该村精神文明建设呈现出积极发展态势。平日里成群赌博打牌喝酒的、脏话连篇的村民在良好乡风的熏陶下变少了，村民在党组织引领下凝聚力增强，村民自治的主动性也得到了一定提升。无论是栽树种花，还是清沟垫道，村民都能主动参与。总之，该村的文化建设取得了较好的成效。

2016 年，红日村党支部被评为黑龙江省先进基层党组织。2017 年，该村的“四个三”农村基层治理新模式在第二届中国美丽乡村论坛暨第五届村政论坛上，获“2017 年度农村基层治理十大创新案例”荣誉。

宝清县红日村的“四个三”农村基层治理新模式，从政治、经济、文化三个方面全面入手，有效利用村民手中的空闲土地，建立特色产业，推动当地经济发展，促进经济发展方式转型，同时也通过议事、决策、监督等方面的改进加强对村民权利的维护，并增强村民政治参与意识，以此提高当地群众的治理参与热情。既维护了群众权益，又赢得了群众支持与信任，红日村的“四个三”农村基层治理新模式对巩固基层政权，促进乡村发展具有积极意义，在黑土地上生动撰写了“乡村振兴”的华章。

五、四川都江堰市“院落单元，党引民治”模式

（一）发展历程

在2008年汶川地震发生后，都江堰市面临着灾后重建的重任，尤其是需要重点解决基层治理的难题。为了走出困境，都江堰市进行了治理模式的积极探索。具体来说，就是探索出了以院落为单元，以党引民治为基础的基层治理道路。都江堰市摒弃传统的管理办法，建立院落网格，同时不放弃党建的引领治理功能，培育多元治理主体共同治理院落（小区）。另外，配套建立健全规则制度，保障“党委领导、政府支持、上下合力、部门联动、社区牵头、居民参与”[①] 的基层治理方案的落实。这种因地制宜的具有时代特色的治理体系是基于问题导向做出的最优选择。从“党政包办”到“党群共治”模式的转变，凝聚了群众和村干部的智慧，都江堰市开辟了群众参与，党建引领的治理之路，探索出“一核多元、合作共治”的创新模式。

优化基层党组织设置，将党组织设在院落（小区）、产业和协会是都江堰市探索的创新基层治理模式的核心。党组织下沉至基层不仅能助推经济发展，改善村民的生活水平，还能鼓励更多的社会组织参与治理。基层党组织能够引领当地的特色经济发展，将党组织建在协会上，亦能促进社会组织的成长。其中“党引民治”的治理方式效果显著，通过党领导下的村（居）民进行自治，调动了村（居）民治理的自主性与积极性，增强了其参与感，党建引领功能得到了一定的发挥。

（二）具体做法

1. 院落自治形式的探索

第一，整合院子，形成规模适度的自治单元。为破解自然院落难成自治规模和自治虚化的双重困局，都江堰市以“形成适度规模单位”为方向进行了探索。一是以共同生活为据，形成自治单位。以村民聚集度为标准，就近划分院落，每个院落面积在0.3～0.6平方公里，村民在50～100户左右。二是以便于服务为向，以村民共享共用公共服务为标准划分服务单位。三是以便于组织为依，构筑发展单位。如，金龙社区黄家大院地处青城山一侧，发展乡村旅游

① 郑永君、吴春来：《基层党建统合与乡村治理创新：都江堰市“党引民治”实践案例分析》，《南京农业大学学报》2020年9月第20卷第5期（社会科学版）。

条件优越，原属 2 个村民小组的 116 户村民被纳入一个院落，在院落管委会成员李亚军等人的带领下发展旅游餐饮业。全市的 3 020 个自然院子经整合，被划为了 727 个院落。

第二，实行“一组两会”，搭建党引民治的自治平台。院落整合是都江堰市开展基层自治的基础，在此基础上从几下方面对自治组织进行了完善。一是选好“领头雁”，成立院落党小组。以院落为单位对党员进行优化整合，建立院落党小组，以强化党支部领导。二是成立院落委员会，选好“当家人”。在划分院落后，由本院落 2/3 以上村民通过无记名投票方式推选产生 3～5 名村民义务组成院落委员会，负责院落自治事务，不承担行政事务。三是建立调解委员会，选好“调解人”。由部分院落委员会成员和党员代表、村民代表组成矛盾纠纷调解委员会，负责调解院落日常纠纷，并收集意见及时与村、镇相关室、所对接，建立问题台账。

第三，制定院规民约，构筑依规治理的自治规范。为了保证自治有序运转，都江堰市还引导群众自己制定“草根”规则。一是定院规，明权责。院落村民共同制定院规，细化村民义务和院委会权责。二是立民约，践民诺。院落将村民对文明生活的承诺书面化，并把签订的承诺书贴在每家每户的门口。如，《方家院子文明行为约束机制》中规定“院落住户内、外物品摆放整齐有序，不乱放、乱挂”。三是接章程，成规范。各院落承接村级村民自治章程，制定院落自治章程。如，九龙社区各院落率先制定院落自治章程，明确了院落委员会选举程序、责任分类、考核制度及工作规划。

第四，组织协同，实现主体多元的自治支撑。在发展自治组织的同时，都江堰市还围绕产业发展、邻里互助、生活服务、纠纷调解等农村群众生产生活实际发展社会组织，协同自治发展。一方面，以志愿组织协同服务。村民依据个人特长或职业，成立志愿服务组织，开展志愿服务。如，工匠协会、邻里互助协会、舞蹈队等。同时，为保证服务的持续性，符合条件的志愿组织还可承接社区的服务购买。另一方面，以产业协会协同发展。院落能人积极为家乡做贡献，牵头成立各类产业协会，发展院落经济。如，水月社区王家院子已经建立起民宿旅游协会和无公害农产品协会两个产业协会，其中民宿旅游协会会员共 35 户，无公害农产品协会会员共 45 户。

2. 自治落地，村民自治显活力

都江堰市通过探索形成了一套完善的党引民治的乡村自治体系，走出了村民自治的“最初一公里”，具体包括以下方面：

第一，激发活力，提高了自治效率。从整体上看，院落自治激活了群众自治意愿，提高了自治效率。首先，民意汇集更快了。在整合院落之前，3～5

人的村干部队伍疲于应付大量群众反映的问题。整合后，各院落委员会人数平均不低于3人，服务群众的人员增多了。2014年，柳街镇共收集群众意见建议2 000余条，90%以上的突出问题得到妥善解决，群众满意度达到95%以上。其次，群众议事更便了。村民大会在实行院落自治前很难召集，即使召开了村民代表大会、议事会，也因意见难协调，致使自治效率极低。而实行院落自治后，召开院落村民大会成为常事，相关事务，院落村民用傍晚的一个“坝坝会”① 就解决了。最后，执行效果更好了。院落事务由群众自己商议解决方案，相互监督执行过程，执行效果明显改善。在院落自筹每人20元公共卫生费的过程中，有很多院落都达到了100%的缴纳率，很多村民自愿多交10倍乃至20倍的资金，全镇共筹集此项资金75万余元。

第二，扩大参与，提升了自治能力。院落自治使群众对于公共事务的态度从“不愿参与”“不能参与”变为了“愿意参与”“乐于参与”。一是搭建了参与平台。群众可以通过自治组织和社会组织充分参与院落的管理和发展。如，水月社区村民周仕强牵头成立民宿旅游协会，带领17户村民发展民宿旅游，由此又带动了18户村民参与旅游服务。二是畅通了参与渠道。院落村民通过经常召开的院落“坝坝会”、民评民审、院落例会等即可参与自治，还可以通过提供志愿服务参与到院落事务中。三是激发了参与热情。完善的制度保障，使村民参与院落事务积极性极大提高。如，金龙社区李家院子村民以有限的公共资金购买材料，自己投工投劳的方式，共投1 100个工，整修了村里的通户道路3 366米，建成活动广场2个，节约成本超过14万元。

第三，规范运行，完善了自治体系。都江堰市在探索院落自治的过程中将组织建设和制度完善相结合，自治体系得以进一步完善。一是延伸了党的领导，规范了组织体系。通过院落整合，实现了院落党小组100%全覆盖，党员的服务意愿更强烈；同时，也进一步完善了自治组织体系建设。二是完善了制度规约，规范了制度体系。一方面，通过院规民约和院落自治章程的建设，增强了自治规则的“草根性”，更有利于实际运作；另一方面，建立了院落自筹资金管理制度、民评民审公示制度、“三三制”矛盾调解机制和问题意见收集台账制度，进一步完善了制度体系建设。

第四，多元支撑，强劲了自治动力。通过乡村社会组织建设，丰富了自治内容，激发了自治发展的内生动力。一是互助合作渐成风尚。志愿服务组织传承了乡村邻里互帮互助的优秀传统，弘扬了互助和谐的生活新风气。2014年柳街镇依托志愿服务组织完成了126人次的邻里互帮互助，完成了216人次的

① 四川地区一种在非正式场地进行的群众聚会议事形式。

矛盾调解。二是共同发展成为共识。通过建立产业协会，村民抱团发展，共同发展渐成共识。如，水月社区 20 多户村民建成了 300 多亩的猕猴桃产业园，参与农户每年可实现增收 2 万余元。三是协同能力持续增强。如，柳街镇通过自治组织与民宿旅游协会、和谐邻里互助会等社会组织的协同合作，共开办了旅游民宿 30 余家，开展了文艺巡演 26 场次，招聘和推荐外出务工 1 200 余人次。

（三）主要成效及评价

都江堰市坚持村民自治、居民自治，坚持院落整治与群众意愿相符，干群和谐关系建设初显成效，与四川省深化农村改革的方向高度契合。通过全面开展基层治理创新实践，都江堰市探索出集党的领导、多元主体参与、群众依法自治为一体的治理之路，为提升当下基层治理水平提供了一条可供参考的实践路径。

1. 院落自治是村民自治的有效探索

院落自治是一种村民自治的创新形式，都江堰市通过整合院落，下移自治单元，将自治做实。同时，还积极创新基层党组织，发展壮大了多种社会组织，建立起了“院落单元，党引民治”的自治体系，形成了村民自我管理、自我教育、自我服务、自我监督和自我发展的治理格局，有效推进乡村文明建设。

2. 院落自治可以坚实基层治理最基础的环节

在“三级所有、队为基础”的传统乡村治理体系中，基层治理的“末梢”仍然没有被触及。都江堰市根据当地的实际，将散乱的院子进行整合，形成了院落网格式的自治单元。通过院落整合，自治组织下沉，夯实了基层治理最基础、最关键的环节。“乡镇—村（社区）—院落”的三级治理体系，是推进基层治理体系现代化的有效尝试。

3. 群众需求应成为划分自治单元的标尺

村民自治制度是群众行使权利的有效探索，群众的需求是实行自治的标准、尺度。探索一定规模的自治单元，重在“适度”。群众的自治需求、服务需求、发展需求就应该成为“度”的衡量标尺。在探索的过程中，都江堰市以服务百姓为出发点，根据生产实际情况确定院落规模，从而形成具有一定灵活性的自治单元。

4. 明晰自治权责是院落自治进一步发展的方向

都江堰市的院落自治是在行政村（居）级别下进行的自治探索，明晰自治权责是院落自治进一步发展的方向。都江堰市建立的“院落单元，党引民治”

模式是纯粹的自治。行政村（居）的职责是为行政村（居）公共服务水平提升、公共秩序健全有序等做出相应的努力。在院落建设的发展规范中，该市以列举的方式形成事务清单，并对需要进行自我管理与服务的事项以及哪些服务应由上级村（居）提供进行了说明。通过明确院落的主体责任，该市基层自治体系得到进一步完善。

六、四川雅安市“五议决策法”模式

（一）发展历程

近年来，农业现代化进程逐步加快，农民受教育程度不断提高，但在村民自治的过程中，村民的民主意识欠缺等问题暴露了出来。民主决策过程往往只是走形式，最终还是由村干部一人拍板，个人专断、随意决策，会直接导致决策的错误。民主监督也形同虚设，致使村干部“小微腐败”时有发生，村民对村“两委”的信任感也逐渐降低。在此背景下，雅安市雨城区充分发挥主观能动性，基于实际和群众的需求，先后在社区和行政村全面推行“阳光村务”微权清单 50 条和“阳光居务”微权清单 33 条。这些措施有效激发了村民民主参与的热情，也使得管理更有效率。

2012 年，雨城区碧峰峡镇七老村将 1 000 余亩集体林地流转给第三方，因土地流转该村实现集体收益 138 万元。这笔村集体收益该如何使用是村干部和村民都特别关心的问题。直到 2016 年，该笔资金还没有进行分配和使用，村民们觉得奇怪，钱究竟去了哪里？是否已经被村干部占为己有？怀揣不解与愤怒，多个村民到镇政府上访以求真相。虽然镇党委书记、纪委书记、镇村财政收支管理中心以及七老村“两委”主要负责人都承诺这笔资金并未被乱用，但是对于这笔资金的使用情况需要妥善公开处理，否则将导致更大的矛盾。此时，“阳光村务”微权清单 50 条的出现启发了村“两委”，村干部认为可以把资金使用的决定权交给村民，村干部则充当协调者的角色。“五议决策法”由此诞生。

（二）具体做法

“第一议”——村“两委”提议，并广泛征求群众意见。村“两委”在提议后要征集村民的意见和建议，通过调查研究与充分论证，了解村民的需求。村“两委”要统筹兼顾本村的发展实际情况并进行集体决策。如，针对这一项集体收益的分配办法，就要提出议案，多方广泛地征集村民的意见。可以说，几乎所有村民的意见都得到了一定反馈。在七老村案例中，村民对收益分配方案意见不统一，这些不同意见大多集中在应纳入分配范围的村民中。在历经1个多月，收集完意见后，村“两委”才在充分调研分析、精准判断的基础上，提出完善村级公共基础设施的意见，并进行资金的合理分配。

“第二议”——村“两委”商议，拟订初步方案。根据村党支部委员会的初步意见，村“两委”班子成员充分讨论，发表意见。对意见分歧比较大的事项，根据不同情况，可采取口头、举手、无记名投票等方式表决，按照少数服从多数的原则形成商议意见。村“两委”对重大事务议题要广泛征求群众的意见和建议，并对村内重大决策、资金使用等事项在公示栏予以公示。要邀请有资历、对村里事务参与热情高的村民代表参与村“两委”联席（扩大）会，在会上充分听取村民的意见，将商讨的结果拟定为初步方案，并进行公示，以听取更多村民的反馈意见。

“第三议”——村民代表大会审议，进一步完善并形成决议草案。对村“两委”拟定的重大事项，提交党员大会讨论审议。召开党员大会前，需把方案送达全体党员，在党员中充分探讨并征求村民意见；党员大会审议时，到会党员人数需超过党员总数的1/2，审议事项经应到会党员半数以上同意方可提交村民代表会议或村民会议表决；党员大会审议后，村“两委”要对方案修订完善，同时组织党员深入农户做好方案的宣传解释工作。

“第四议”——村民代表大会决议，形成执行方案。经党员大会审议通过的事项，依照有关法律法规规定，在村党支部领导下，由村委会召集村民召开代表会议或村民会议讨论表决。参加会议人数必须符合法律规定，决议事项必须经全体村民代表（或到会村民）半数以上同意方可通过。在七老村案例中，村委会制定了分配方案的决议草案，并组织人员对该草案提出意见，村民的意见会集中反馈至村“两委”的提案上来，村“两委”再组织投票表决，最终，该方案获得了大多数人的认可。

“第五议”——接受村民公开评议。经村民代表会议或村民会议表决通过的事项和决议事项实施方案，一般应在村级活动场所和各自然村村务公开栏予以公示，公示时间原则上不少于3天。每年年底，要组织群众对“五议决策法”的执行和决议事项的落实情况进行评议。在七老村案例中，该村在公布了资金的使用与分配方案之后，并未收到任何异议，最后，直接确定1 290人参与到资金分配当中。

（三）主要成效及评价

从四川省雅安市碧峰峡镇七老村的案例中可知，群众的广泛参与和村干部的团结一心是促进“五议决策法”得以落实的重要保障。

"五议决策法"保障了农民群体的权利，如：知情权、监督权等。碧峰峡镇七老村的成功实践，是在掌握村民需求基础上做出的选择。村干部和当地的村民一直很关注资金的使用情况，资金的使用与村民的利益息息相关。村干部抓住了村民想获得物质利益的心理，并以此激发村民参与民主决策的热情。同时，村干部也希望通过思想教育的引导，提高村民对民主决策重要性的认识程度，增强其参与感、获得感。

另外，"五议决策法"可以规范村一级的权力。无论村干部面临什么困难或者矛盾，凭借"五议决策法"可以整理出行之有效的工作方案并解决问题。这不仅使党群干群的关系变得更密切与友好，也使得该村的治理取得了良好的成效。

第五章 Chapter 5 我国农村基层治理创新实践的基本经验

在对我国农村基层治理的几种典型创新模式进行剖析研究的基础上，本章进一步结合实地调研收集的材料和数据，从治理主体、治理理念、治理手段、治理制度机制和治理过程等方面对我国农村基层治理创新实践取得的成效及基本经验进行总结。

一、实地调研情况

（一）调研方式

1. 问卷调查法

从乡村的经济和产业发展、村民自治的实施、精神文明建设、村民社会生活以及乡村生态文明建设五个方面分别设计针对乡镇干部、村干部和村民的问卷，获取一手数据资料，为课题研究提供信息支持。

2. 访谈法

依据访谈提纲，通过与乡村干部和村民面对面交谈，深化对村民最关心的、最急需解决的问题的认识，加深对乡村振兴实施情况、乡村治理重点难点的了解，获取动态的、深入的、翔实的资料，为课题研究提供信息支持。

（二）调研对象及样本选取

受研究经费和调研团队规模所限，本次调研于四川省多地村镇展开，主要面向乡村干部和普通群众两类群体，依据乡村具体情况选取人数不等的答卷人和访谈人。为了保证调研样本的广泛性，调研工作主要在成都市、雅安市、眉山市、资阳市、德阳市等地的 18 个乡镇 26 个村庄开展。

（三）调研问卷与访谈提纲的设计

本次调研问卷的设计工作历经三个阶段：第一阶段，于 2018 年 4 至 6 月通过文献研究法在对已有研究成果广泛研读基础上完成了题为《乡村振兴与治理现状调查研究问卷》的初稿设计；第二阶段，于 2018 年下半年使用初稿问卷进行小范围预调研，就调研过程中暴露的问卷设计问题进行了调整和修改；第三阶段，于 2019 年上半年在对第二阶段调查中发现的问题进行总结的基础上，对问卷的题目进行了调整，并对调研问卷的选项表达进行优化，最终形成了较为严谨合理的调研问卷终稿，使调研问卷题目大项及其对应涵盖的内容相互呼应，通过问卷，可以从多角度全面了解被调研地区乡村振兴和治理现状的方方面面。详见附录 1。

访谈提纲的设计，总体上配合调研问卷相关问题，从乡村发展的五个维度入手。经济方面，注重对当前农村产业发展状况、农民收入来源、农村产业发展规划等方面做问题设计；政治方面，注重对村干部候选人构成、村干部选举程序及选举公平度、村“两委”在乡村治理上的职能分配及工作开展模式等方面进行问题设计；文化方面，注重村民对文娱基础设施、文化活动开展以及村风习俗建设等文化建设的满意度进行调研；社会生活方面，注重对农村地区的社会保障、教育培训、医疗卫生、乡村基础设施建设以及社会治安等方面进行调研；生态方面，注重对农村生态建设取得的成果和农村生产污染、生活污染、环境破坏等问题做深入调研。详见附录 2。

（四）调研数据采集

调研分为三次实施：第一次于 2018 年 7 月开始，主要在雅安市 6 个县 2 个区开展；第二次于 2019 年 1 月开始，集中在成都市温江区、郫都区、蒲江县等地开展；第三次于 2019 年 7 月开始，在资阳市、眉山市、德阳市等地开展补充调研。三次调研累计发放问卷 280 份，收回有效问卷 261 份，问卷有效率达 94%。为保证调研的质量，调研团队由教师和其指导的研究生组成，调研在教师的指导下进行；调研过程教师全程参与；调研过程中严格避免诱导性提问，与村民的交谈记录完整真实。

（五）调研不足之处

问卷设计虽历经三个阶段，力求尽善尽美，但在数据整理阶段仍发现一些问题，表现在：就农村经济发展问题而言，仅以农民家庭收入来衡量农村产业发展状况略显单薄，在调查农民家庭收入时由于存在少报和谎报收入的情况，有些农民甚至不愿意提及收入状况，因此难以获得真实数据资料；就社会保障方面的问题而言，只涉及农民满意度的调查，对于农民最关心的医疗、养老、教育等问题只做了简单了解，缺少深度访问。

调研过程也存在一些不足，表现在：受多种因素影响和限制，实地调研对象局限在四川，缺少省外样本及数据；访谈时提问方法简单化，对村民的心理不够了解，出现过村民误解访谈问题及含义的情况；与干部的访谈中，部分干部只谈政策回避问题，难以获取干部群体对乡村治理现状的真实评价和独到见解；访谈时群众反映的某些问题可能代表性不强，难免以偏概全。

二、基本经验总结

（一）治理主体趋于多元，不断增强主体协同

随着我国改革开放的纵深发展和农业农村发展形势的变化，我国农村基层治理的主体由原来较单一的基层政府、村党支部与村委会，向基层政府、村党支部与村委会、农村民间社会组织、农村精英和村民等多元化主体转变。

1. 始终坚持中国共产党的领导

农村社会治理是一项需要通过全方位、多层次推动才能得以实施的工作，治理效果直接影响农民利益，因此，必须有一个强有力的领导核心，才能实现对农村社会的有效治理。自新中国成立以来，中国共产党一直有计划、有组织、分步骤渐进式地指引着农村社会朝着正确的方向发展，不断取得开创性成就。因此，在农村社会治理中充分发挥农村基层党组织的领导核心作用至关重要。湖北秭归县“一长八员”村民自治、四川都江堰市“院落单元，党引民治”等模式在该方面均有较为深入的探索。坚持党对农村社会治理的领导、发挥协商民主制度的独特优势是农村社会治理创新的基本政治原则。在农村基层治理模式创新中，要充分发挥乡、村两级党委的引导作用，将党建引领基层社会治理贯穿始终，以党的领导保证基层治理的正确前进方向，以党组织为核心构建共建共治共享格局，充分发挥党员干部“干在前头、冲在前头”的模范作用，并形成清晰的工作思路，使党组织和党员干部成为基层社会治理的“领头雁”。在基层治理过程中，以党为中心，在党的支持、帮助与引导下促进创新模式的建立，并进一步对相关模式进行完善与推广。

在农村基层治理中始终坚持中国共产党的领导，就必须加强基层党组织自身建设，发挥党员的模范带头作用。在村党支部的带领下，村干部的政治意识、大局意识和服务意识普遍提升，村委会和社团组织相互配合，组织村民开展农业种植、养殖、电焊、烹饪、刺绣、物流等一系列的职业技能培训。先进党员的奉献精神和吃苦耐劳精神在乡村振兴实践中得以充分体现，党员在勤劳致富、科技致富中走到了一般群众的前面，其模范带头作用得到发挥。党员干部以身作则不断提高自身能力素养，积极投身于农村治理实践，协助相关人员

与部门，开展工作，切实为村民办实事，为村庄谋发展；同时，坚持从实际出发，因地制宜，深入了解所在村的实际情况，解决村内矛盾，结合农村社会治理的新形势加以创新，推进农村社会治理的现代化建设。

2. 稳步提升农村基层政府治理能力

（1）推动管理型政府向服务型政府转变

农村基层政府由全能管理型逐步转变为服务型，农村公共产品和服务的提供、乡镇工作人员的任用考核监督、严格依法行政等问题都被纳入农村基层政府治理能力建设的重要内容。主要成效包括：

第一，公共产品和服务供给能力有所提升。农村税费改革滞后，乡镇经费来源不足，乡镇政府的公共产品和服务结构性供给不足，总体上还无法满足农民群众的需求。但随着上级党委和政府对乡村建设重视程度和要求的提高，基层党委和政府逐步将农村基础设施的建设和维护放在重要位置。农田水利工程、农村道路交通网、农村通信网络及互联网络建设得到快速发展；农村生活能源的多元化建设实现了一定成效，部分乡村已经使用上天然气；农村休闲娱乐健身学习场所得到建设和拓展，乡村公共服务设施日益完备，功能逐渐完善（表5-1）。村民对乡村公共服务设施满意度较高（图5-1）。

表5-1　乡村公共服务设施建设情况

项目	数量	占比/%
休闲广场	166	28.3
公共健身器械	156	26.6
农家书屋	105	17.9
电影放映场（室）	21	3.6
社区活动中心	125	21.3
其他	14	2.4
总计	587	100

第二，完善了乡镇政府工作人员的任用、绩效评价和监督程序实施细则。在人员任用方面，干部的选拔标准更高，选拔程序更加严格，选拔力度加大，选拔来源更广；在绩效评价方面，农村基层政府逐步淘汰了传统唯GDP论的单一社会评价体系，建立多重指标社会评价体系，把人民群众的利益放在首要位置，并重视干部在群众中的口碑；在监督方面，乡镇基层政府实施内外部监督并行机制，建立渠道让人民群众广泛参与到基层干部的选拔、考核等环节的监督工作中。

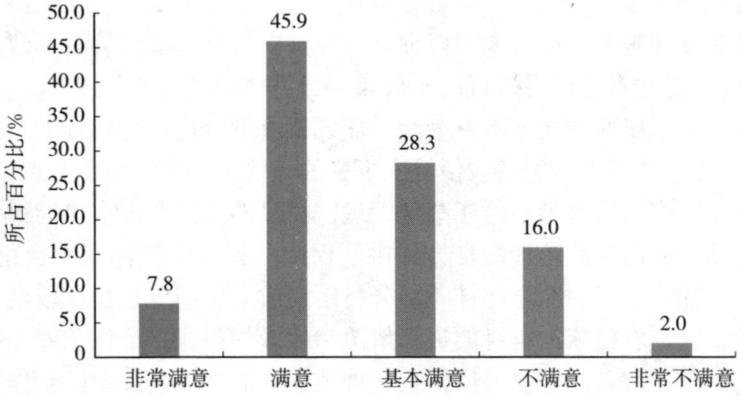

图 5-1　村民对乡村公共服务设施满意度

第三，民主法治逐步健全，严格依法行政。农村群众在人情大于法理传统观念的影响下，法律意识薄弱，维权和行政监督意识更是无从谈起，依法治理和严格依法行政往往是空中楼阁。随着人们参与社会管理积极性的逐步提高，乡村治理法治化水平也获得提升，网络平台成为人民群众监督政府工作的便捷渠道。乡镇政府在新时代转变政府职能的要求下提高了依法行政的意识和水平，同时，人民监督意识和能力的提高一定程度上约束了基层政务执行过程中的违法乱纪行为。

(2) 提升基层工作人员服务意识和能力

农村基层政府工作人员政务服务质量明显改善、服务水平显著提高。随着基层干部选拔任用机制的不断完善，选拔的程序更加公开透明，选拔的结果越发公平公正。一批德才兼备、能切实为人民服务的干部被选拔出来。他（她）们通过不断地学习，紧跟时代发展潮流，正确理解乡村振兴战略的目标，工作能力显著提升、工作效率明显提高。在内外监督机制的协同作用下，农村基层工作人员的服务意识得到了较大提升。

随着义务教育的普及，村民的认知能力随之提高，对于本村经济发展以及个人致富等问题的长期性和曲折性有了一定认识。村民对村干部为新农村建设和发展的尽心尽力、尽职尽责看在眼中，记在心里。

村“两委”工作公开透明，村干部悉心听取村民建议，村民积极参与新农村事务，干部和群众形成了良好的互动，干群关系日益紧密。

3. 发展壮大农村民间社会组织

农村民间社会组织逐渐发展和壮大，组织类型也越来越丰富多样。当前民间社会组织主要以管理类、经济类、文体类三种类型为主。就管理类民间社会组织而言，从议事、决策、监督等管理环节全方位建立了可供村民参与的村庄或社区事务管理平台。有的农村以促进基层民主协商和决策为目标建立了“村民议事会”，有的农村以促进村民积极参与自我管理为目标建立了“自管委”，部分农村建立了以监督村干部行为和村庄议事决策等过程为目标的“村民监督委员会”。这些管理平台的建立使村庄事务的商议、决策、监督更加公开透明，提供给村民更多的渠道参与村庄事务管理。村民的意见和诉求也能得到有效传达，为村委会开出对症治理的良方提供了保障。就经济类民间社会组织而言，大部分农村都建立了农业合作社，部分村组还成立了产业化程度较高的农业专门合作社。部分农村依据自身的资源情况和地缘优势成立了特色农业专门合作社，例如，雅安市名山区农村依托茶叶种植优势成立了茶叶专门合作社，德阳市中江县农村依托芍药种植优势成立中药材专业合作社，眉山市东坡区农村依托水果种植优势成立了水果专门合作社。除了广泛的由单一行政村村民组织建成的合作社以外，还存在由部分村组联合，或发展较好的村组与相邻的贫困村联合组建的联合型合作社。农业合作社的成立带动分散型生产村实现经济的不断发展，在提高村民收入的同时发挥了先富带后富、新村带老村的辐射拉动作用，促进了农业产业化、规模化、现代化发展，为村民致富提供了条件。就文体类民间社会组织而言，主要由妇女协会、老年协会等组成，在一些临近中心城镇和中心城区的农村有跳舞队、秧歌队等文娱队。相较于管理类组织和经济类组织的发展而言，文体类组织发展相对滞后。西南农村大量劳动力外出务工，村庄缺少青年活力。妇女协会和老年协会等文体类民间社会组织通过开展各类文体活动，在一定程度上丰富了村民的精神文化生活。

村民积极参与民间社会组织，对提升农民收入、促进农民发挥主体性参与村务管理、提高农村社会活力等都具有积极作用。随着规模的逐步发展壮大，农村民间社会组织的认可度得到提升，其在基层治理中的桥梁作用得到了充分发挥。

4. 不断增强村民参与村务管理的意识

村民参与村干部选举，参与村务的商议、决策和监督等事务，以及参与民间社会组织管理的积极性均有一定提高。一方面，就村干部的选举而言，村干部通过村民大会民主选举产生。调研数据显示，村民参与村干部选举活动的积极性有了一定的提高，受访者中多数村民认为村干部选举相较于以前更加民主、公开和透明，有参加村干部选举意愿的占绝大多数（表 5 - 2）。另一方面，就村民以及农村精英参与农村治理而言，村民以直接方式参与村民大会、参与农村合作社经营、参与民间社会组织负责人的选举和管理工作，充分行使民主权利，主动参与农村事务的商议、决策和监督过程。村民民主选举出有着一技之长的精英担任民间社会组织的负责人，农村精英通过民间社会组织的平台发挥自己的才能带领村民致富，引导村民丰富精神生活，提升自我修养。

表 5－2　村民参加村干部选举意愿情况

项目	人数	占比/%
非常愿意	36	13.8
愿意	214	82.0
不愿意	11	4.2
合计	261	100

部分农村村规民约等规范性条例的制定和修改是在广泛征求村民意见的前提下进行的，这是村民建立和谐、文明、美丽农村美好愿望的集中体现，也体现着村民对基层治理的态度从以前的漠不关心到热心参与的转变。可见，村民参与农村治理的意愿和能力都在逐步提高。

（二）进一步明确主体职责，稳步提高治理效率

第四章列举的几种典型治理模式以及课题组调研的部分乡村中都将治理主体各自的职责进行了明确划分，特别是在湖北秭归县“一长八员”模式中体现最为明显。明确划分各治理主体的职责，可以避免出现相互推诿、相互指责的情况，将责任落实到人，可以减少懒政、惰政以及治理盲区的出现。在此基础上提高治理效率、提升治理成效，改善当地的生存环境，以此促进村民与村党组织和基层政府关系的改善。

1. 明确基层政府是农村基层治理的责任主体

在我国的城乡二元经济结构中，以小农经济为主的农村经济长期处于弱势地位。乡镇政府作为社会主义新农村建设的主体，其对基层治理引导和扶持力度直接影响社会主义新农村建设的成果，第四章探讨的几种模式中均体现了基层政府在农村治理中的主导作用。例如在秭归县“幸福村落”治理模式运行过程中，政府的主导作用体现为：农村制度的有效创新，即取消原有的村民小组设置模式，改设“村落”模式，有效促进了当地农村社会的稳定与经济的发展，极大地调动了当地乡村社会治理中农民的参与积极性；政府职能发生转变，实现了由管理型政府到服务型政府的转变，切实发挥了乡镇政权在社会主义新农村建设中的引领带头作用，构建出社会化服务体系。

作为直接接触劳动群众的主体，乡镇政府必须把“治理”转化为“服务”，克服履行职能时缺位、越位、错位问题，落实职能有效转变。具体做法：在国

家政策或意见出台后，进行多方面探索，寻找适合在本地区落实发展的相关模式；同时，号召和指导各村级自治组织进行相关基层治理工作的创新实践，结合当地实际情况，首先进行有针对性的试点，在获得试点成效并在进一步完善方案后，面向当地更大范围进行推广。

为了有效维护公民的权利，在法治建设上，政府应当切实做到依法办事和依法行政。应当把城镇和乡村整合到一体化的管理和服务体系中去，将公共服务和公共产品的投入向农村倾斜，改善一直以来政府在农村公共产品供给中的缺位局面；此外，应将社区任务精简化，减少基层政府对社区自治的干涉，避免出现社区行政化的情况，并充分维护村民的自治权利。

2. 理顺村党支部与村委会关系

村党支部和村委会关系的调整呈现良性发展态势。农村基层治理中有两个重要的村级组织，一个是村党支部，另一个是村委会。一些村庄的党支部和村委会在工作职能发挥中有着同质化的复杂倾向。究其原因，可能是受权力来源以及领导班子对自身所属组织工作职能认知偏差的影响。随着社会主义新农村建设和乡村治理现代化的提出和践行，村党支部和村委会的关系呈现出崭新的面貌。村党支部明确了自身的领导核心地位，而村委会也明晰了自身自治功能的重要性。村党支部力改以往过度行政化的问题，更加注重发挥其在政治和经济领域战略层面的社会领导功能，尤其是在组织建设和作风建设上狠抓整改落实。一方面，努力加强领导班子成员的政治理论学习建设，另一方面要求干部深入群众中去，发挥好党“从群众中来，到群众中去”的优良传统，听取村民的合理诉求，夯实村党支部的核心领导地位。村委会则不断优化工作程序和标准，做到工作事项满足村民需求、工作程序引入村民协商流程、工作开展接受村民监督。随着村党支部和村委会领导班子成员对自身工作职责有了更进一步的认识，村党支部与村委会的协同效能得到了有效发挥。以往存在的村党支部或村委会权力一元型（支书独政或主任揽政）或村党支部和村委会冲突型（党村推诿或党村争权）关系都得到了明显改善。就具体措施而言，在农村基层治理创新性实践中推行了“两票制”和“一肩挑”或村“两委”交叉任职等具体做法，从制度设计上协调各方关系，减少了农村基层治理中坚力量的内耗，保障了村民自治的有效实施。村党支部和村委会在和谐稳定关系中的协同合作为进一步加快农村经济社会的发展奠定了坚实的基础。

3. 划清村民自治组织与基层政权机关的权责界限

村民自治组织在处理自治事务时保持独立性是第四章探讨的六种模式得以成功实施的重要原因，自治组织在治理过程中未受到基层政权机关的过多行政干预，促使当地的自治模式得到村民的支持和认可，得以快速推广并不断完善。在此基础上，村民及各自治组织的积极性被充分调动，而后大力发挥创造性，积极投身生活环境与文化氛围的建设中，努力创造美好生活。因此，在农村基层治理中，首先就应处理好自治组织与基层政权机关的关系，划清村民自治组织与基层政权机关的权责界限，分别明确两个主体具体的职责范围和处理权限。为了实现和保障村民权利，在法律层面，政府对村民应科学开放自治权限，尊重村民自治权利，坚持通过群众民主决策方式选举村民委员会代表，杜绝乡镇政权委派、内定和操纵选举，减少乡镇行政决策的随意性，不能擅自越权插手村民自治事务，让权力在阳光下运行，使权力运行更加规范化、透明化。村民自治组织应独立处理自身事务，坚决杜绝溜须拍马、因小失大、不作为不敢为的情况，要切实将本村村民的切身利益放在首位。

从历史进程上看，改革开放以来，随着流通格局逐渐被打破，传统的计划经济体制日渐式微，取而代之的社会主义市场经济体制日趋成熟，有效供给能力显著增强，生产力也得到了极大地发展，农民群众的生产积极性得到有效提升。此后，安徽省凤阳县小岗村实行的“包干到户”催生了家庭联产承包责任制，而随着家庭联产承包责任制在全国范围推广，农民的主体性地位也得到了恢复。自此之后，在我国农村社会治理的发展过程中，农民手中被赋予了更多的自主权，并产生了村民自治制度。村委会在农村社会治理中逐渐居于主体性地位，农民依法对农村公共事务进行自我管理。此外，社会组织在农村社会治理中的力量也日益增强。以上转变都在不同程度上调动了广大农民参与治理的热情，农村社会治理的水平因此得到了大幅度提升。

（三）创新治理理念，推进综合治理

1. 坚持以人为本、以人民为中心的治理理念

以人为本是科学发展观的核心，充分体现中国共产党全心全意为人民服务的根本宗旨。从第四章探讨的几种典型模式可以看出，进行农村基层治理的首要原则应当是以人为本，农村基层社会治理应该以实现和维护村民权利为出发点，站在人民的立场上进行创新。农村基层治理模式创新应该要以实现人的全面发展为重要目标，从人民群众的根本利益出发，在切实保障人民群众正当权益的前提下谋划治理的创新模式，让创新治理惠及全体人民。坚持以人为本进一步创新管理方式，做到人民当家作主。

四川省雅安市委、市政府坚持以人民为中心的理念，秉持“农旅结合、产村结合”的发展思路，结合当地的发展实际，打造特色产业，持续壮大“五雅”特色优势产业，重点抓好生态文化特色旅游产业走廊沿线的新村产业建设，侧重培育了百万亩生态茶园、果蔬、果药等产业，大力发展以体验式农业

为核心特色的乡村创意旅游业，因地制宜引导农民利用自然生态及特色农产品等资源，探索出一条深入推进城乡统筹发展的特色之路。如，雅安市天全县多功乡的南天新镇社区，作为“产村相融”发展模式的典型代表，切实践行“农旅结合”的发展思路，在镇北建立的南天现代农业科技园就是“产村相融”的缩影，该园主要有创意农业馆、立体栽培馆、育苗馆、高效农业生产示范区以及农业信息综合服务平台等项目，可拉动周边万余户农户就业。2017 年荣获“四川百强名村”称号的名山区中峰乡海棠村，是“茶旅结合”发展模式的代表，该村大力发展以茶和腊肉、红豆腐等土特产为代表的特色产业，以休闲观光、体验农事为主题，大力发展体验农业。一三产业联动发展，既助力了乡村振兴，也为乡村治理奠定了坚实的经济基础。

2. 创新理念，凝聚共治意识

随着各项政策对乡村的倾斜及城乡一体化进程的不断加快，广大乡村的社会与经济结构发生了明显变化，新的发展态势对社会建设、社会治理服务提出了更高的要求，迫切要求在发展理念上改革创新，长期以来的传统治理模式面临严峻的挑战。在我国的现实国情下，只有不断解放思想，才能精准研判新时代背景下现阶段我国乡村社会建设和社会治理方面的特殊问题，才能提出符合研判形势的创新治理思路，即：彻底纠正社会及乡村中的片面性认识，特别是认为乡村社会治理就是变相“管制”的思想观念，改变乡村治理主要依赖行政手段的错误想法；通过定期培训教育，切实提升基层人员的工作能力、个人素质、服务意识和工作的积极性；通过宣传与沟通，增强村民政治参与意识，鼓励村民积极投身治理工作；牢固树立以确保村民利益为核心的治理理念，切实保障村民人权、尊重村民人格。

3. 多措并举，构建社会安全网

推进乡村治理要从农村社会实际出发，遵循农村社会发展规律，要以自治激发民主活力、以法治推进治理现代化、以德治引导文明乡风，将“自治”“法治”“德治”三治相融合。习近平总书记指出：“法律和道德都具有规范社会行为、调节社会关系、维护社会稳定的作用，在国家治理中都有其地位和功能。”① 应定期为村民普法，引导村民学法、懂法、信法、守法，尤其是让村民学会拿起法律武器维护自己的合法权利。村民应配合当地执法机关共同打击黑恶势力，团结一心建设平安乡村。对于村级干部贪污腐败的违法问题要严厉查处，依法切实保护村民财产利益。同时，要健全并完善农村土地法规政策，

① 李林：《深入学习贯彻习近平时代中国特色社会主义思想》，《光明时报》2021 年 1 月 22 日第 1 版。

防止损害农民利益的行为发生。调研结果显示，村民普遍认为新农村建设开展后，社会治安有了显著改善（图5－2）。

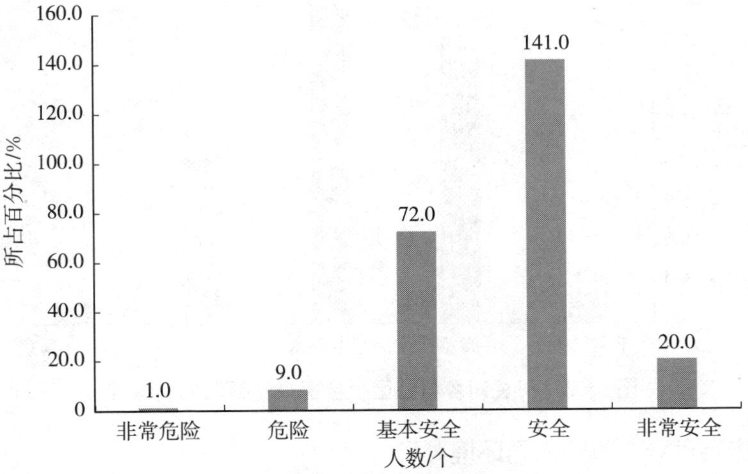

图5－2　村民对乡村社区治安状况的评价

构建社会安全网，最重要的一点是强化道德约束。党的十八届四中全会提出“坚持依法治国和以德治国相结合”，社会的构建基础是道德，道德是一种非强迫性质的社会规范。在法律和道德的协同作用下社会治理才能发挥其效能，良治或善治是在有道德约束前提下的社会治理中才能成立，法治与德治更需要依赖道德的力量才能在实践中整合统一。无论是干部还是村民都应了解道德规范、坚守道德底线。通过法律和道德的共同约束、自律和他律的共同作用来尽可能确保人们的行为符合公共行为准则，以此为基础推动农村基层治理的发展和创新。

社会治理需要通过有效途径实现沟通、协商、谈判，进而妥善处理社会问题、化解社会矛盾。在当今这个互联互通的时代，为满足人民需要而创造具有附加价值的创新服务方式是社会治理创新的核心。社会治理创新要求协调好政府与人民的关系，这意味着政府不能仅仅简单去处理行政事务，还需要听民意、解民怨、激发公众的参与热情，使人民在新时代有更多的获得感、满足感和安全感。

此外，构建社会安全网还需要健全社会保障体系。社会保障体系为社会成员的基本生活提供保障，解决人民的后顾之忧，是整个社会的减压器。当前，新型农村合作医疗、新型农民基本养老保险和最低生活保障、高龄补贴制度等民生政策落实情况较好且效果明显，政府对社会救助和保障的资金投入不断增加。调研发现，绝大多数村民对于新农村的社会保障和福利满意程度较高（图 5－3）。

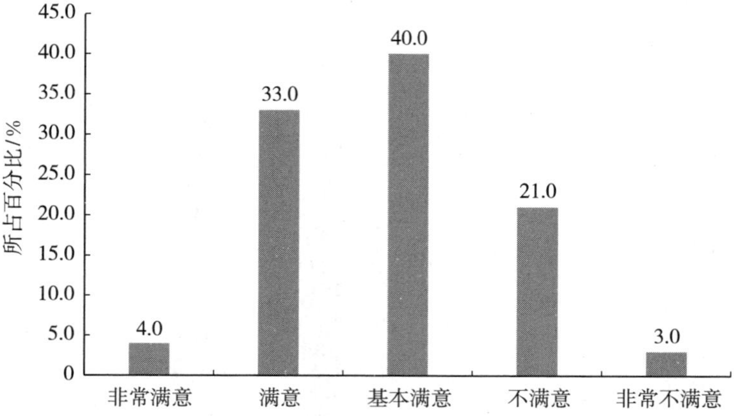

图 5－3　村民对乡村社区社会保障和福利的满意度

4. 防治污染，改善人居环境

一是建立健全乡村垃圾处理长效机制，切实抓好环境综合整治工作。各村均建有较完备的生活垃圾处理场所，生活垃圾定期有专人负责集中分类处理，普遍实现生活垃圾日产日清。二是推进污水治理工程，部分有条件的乡村修建了污水处理设施。三是推广清洁能源、沼液沼渣循环利用、秸秆还田利用以及规模化养殖场废物处理和综合利用。随着村“两委”及群团组织不断地宣传与教育，村民的环保意识有了极大增强，秸秆还田开始被村民广泛接受和实践，部分乡村用上了沼气、天然气等清洁能源，村民也能自觉爱护新村环境，乡村的污染治理工作获得显著成效。

在乡村振兴战略逐步推进的过程中，一些村镇立足生态优势，以生态文明为引领，重点推进新村规划、农房建设和风貌塑造，积极探索新农村综合体建设。重视绿化，鼓励村民因地制宜开展“微田园”建设，在建设中着重突出乡村生态优势和特色。调研结果显示，村民对村庄环境满意度普遍较高（图 5－4）。

（四）不断完善治理制度与机制，保障治理有效

1. 治理制度与机制不断完善

广泛推广和应用了如权力的制约和监督制度、议事决策机制、吸引和回流人才机制等治理制度和机制。另外，乡村基本实现了“村规民约”制度化。不论是产业发展、环境卫生，还是邻里互助、安全生产，大家都互相监督，共同推进和谐美丽新农村建设。“村规民约”还明确了奖励办法，通过村干部以及

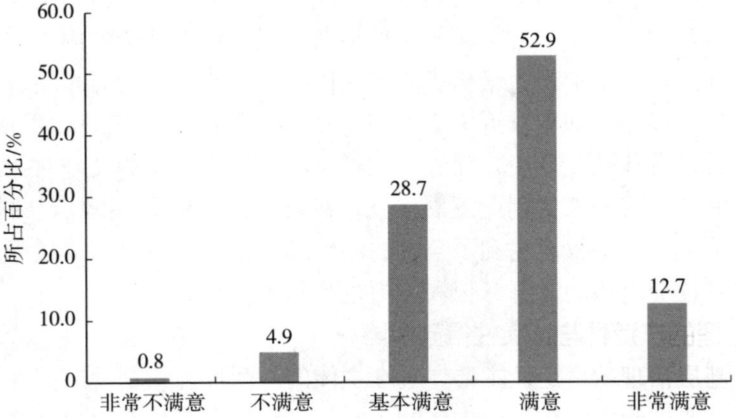

图 5-4　村民对村庄环境的满意度

村民的联合评审，对互帮互助、孝老爱亲、环境卫生、公益事业、产业发展和安全生产等项目，进行评分并根据结果评选出五星文明户、产业之星、科技示范户、守法文明户、优秀党员和非政策性惠民帮扶对象。制度化的“村规民约”对村民行为起到了较好的约束作用，村民乱倒垃圾、乱排污水、参与赌博、故意损坏公私财物等不良行为得到有效遏制。“村规民约”的执行促进了村民素质的提高，改善了邻里关系，在一定程度上推动了村庄的精神文化建设。

以往农村基层治理中基层政府、村“两委”是治理实施的主要决策者和施行者，民间社会组织和农民的参与力度不够。这导致农村治理的理念和结果与农民的意见和诉求错位。随着多元主体的发展，民间社会组织、广大村民、农村精英及乡贤等社会力量积极投身农村基层治理中，为农村政治民主建设、经济发展、精神文化和生态文明建设增添了活力。而社会主义新农村建设、农村治理现代化建设和城乡一体化建设进一步推动了农村基层治理的创新。与此同时，新形势下民间社会组织的发展和农民主体意识的觉醒也加速了农村基层治理制度的创新。

就参与主体来看，治理主体的参与机制由以往的一元主导模式转变为“一核多元、合作共治”的模式。党支部作为领导核心，从宏观上发挥政治引导和经济引领作用，广泛发动群众建立议事监督组织，引导村民进行自我管理和自我教育，充分发挥群众自治组织的自治功能，形成“人人参与集体事，人人决定集体路”的氛围。在基层事务执行过程中，村“两委”班子坚持问政于民，村党支部成员充分发挥了自身的特长和优势，密切联系群众，教群众办理、代群众办理各类民生事务。此外，由于民间社会组织、广大农民、农村精英及乡贤广泛参与集体事务，促进了治理机制创新。部分示范级村社建立了民主公开的参与和共商机制，这拓宽了民间社会组织、广大村民、农村精英及乡贤的治理参与渠道，村级组织间的交流与合作不断加强，农村社会的内生力量得到了充分调动和运用。就治理力量构成来看，内生动力与外援动力相结合，人才吸引机制被广泛运用。部分靠近中心城市、中心乡镇的农村充分利用地缘优势，优化了农村投资和融资环境，促进了农村市场与城市市场的良好对接，进而吸引了大批的精英人才来村创业发展。就治理环境来看，基层政府、村“两委”等权威型治理主体的权力受到了合理的制约和监督。政府政务信息更加公开透明，村民及社会组织的监督意识和能力也得到了提高。

2. 治理的广泛性与真实性得到保障

农村基层治理的广泛性主要体现在主体的广泛性与权利的广泛性。实现主体的广泛性要求确保农村治理主体的多元化，现如今农村发展面临着多重复杂局面，治理过程中也存在许多棘手问题，除了相关参与治理工作的人员，广大村民也应参与到治理过程中来，包括一些在当地影响力较大的社会组织也应加入治理中，多主体多角度去发现问题并解决问题，以提升治理成效。实现权利的广泛性要求赋予村民广泛的民主权利，如出谋划策、批评建议等。农村基层治理的真实性主要体现在各种治理体系与治理制度的实际建立与完善。

“一分部署，九分落实”，政策的价值是在具体实施时发挥出来的，而保证治理政策的落实则需要有效的监督和激励，因此构建较为完善的监督机制和严格的考评机制是治理模式创新中关键的一环。在监督方面，可依托村党支部与基层政府进行监督，设置监督委员会或监督组，并制定具体的监督方式、评判标准、督查计划、监督内容等；在激励方面，监督组依据与治理参与方进行讨论和意见征求的结果，制定出让大家满意的激励机制，以确保该激励机制的可操作性。监督机制的有效落实使庸政、懒政和怠政转变为清政、勤政和廉政，为锤炼踏实的工作作风提供了保障。激励机制的健全和完善能够有效激发和增强治理主体“战斗堡垒”的内生动力。

（五）与时俱进，推进治理手段的现代化

1. 充分有效利用现代新科技

农村基层治理有两个重要的基础——工业革命的技术条件以及社会结构，在此基础上逐渐形成了一套兼具科学性和独特性的管理模式。这种管理模式使以科层化组织为载体的治理活动取得了可观的成效。随着科技的不断进步，互联网信息技术也应充分融入农村基层治理之中。可以设立专门用于公布政府信息、村委会工作情况、村庄基础设施建设情况的乡村互联网新媒体平台，这样无论是否身在村中，村民都能及时了解村庄重大事务、建设现状。与此同时，

当需要进行村务研讨以及意见征集时，广大村民、村委会成员、企业人士等都可以通过乡村互联网新媒体平台进行线上讨论，形成多主体积极参与、协同合作的乡村治理新局面，互联网、云计算、大数据、物联网、人工智能等技术的出现给经济高质量发展、社会治理、居民生活提供了无限的创新渠道，也更新了农村基层治理的技术环境。

在社会生活领域，新型科技成果的影响力主要体现在社会经济往来和日常生活层面。而在中国新农村建设中，新科技的应用仍存在一定的局限性，但是不难推测，新科技势必会成为农村基层治理转型变革的重要推手，当其实现充分嵌入时，农村基层治理将会实现由传统模式向线上线下相结合的智慧化模式的转变。比如，在进行村民行为习惯、日常需求、价值倾向的信息分析时，就可以借助大数据、云计算等技术，从数字化信息中分析得出他们的生活逻辑；在开展乡村留守儿童、老人的帮扶工作时，户籍数据平台也会为村干部、民间组织等提供全面、准确的数据资料，方便后续的扶持政策及项目精准落实。新科技成果作为农村基层治理的重要工具和手段，将治理的各个环节紧密衔接，促进农村基层治理实现从治理思路到治理方式上的创新突破，开启智慧化农村基层治理新篇章。

2. 大力发展农村电子政务

随着互联网的普及，我国电子政务平台的推行进入了快车道。地方政府重视利用电子政务平台推进政务公开，部分地方政府通过建立政府网站推行电子政务工作。例如，成都市建立了成都基层政务公开综合服务监管平台，将成都市下辖乡镇纳入统一的政务平台管理系统，方便群众办理事务同时方便群众参与监督。

电子政务平台的推行顺应了时代和社会发展的进程。中国互联网网络信息中心的数据显示，截至 2020 年 3 月，我国使用在线政务服务系统的用户规模达 6.94 亿，占网民总量的 76.8%。[①]

随着“互联网＋政务服务”的深化发展，各级政府积极依托网络政务服务平台，持续推进建设全国范围内多级互联的数据共享交换平台，通过“数据多跑路”，实现“群众少跑腿”。电子政务平台的建设在经济相对落后的乡村中还比较滞后，这些地区往往利用分散的社交平台，如微博、微信公众号、QQ 等实现村务信息的传达。无论是信息化建设发展相对较好的农村还是滞后的农村大多实现了基层政务从被动公开到主动公开的转变。农村电子政务平台和社交

① 中国互联网络信息中心：第 45 次《中国互联网络发展状况统计报告》，http：//www.cnnic.net.cn/hlwfzyj/hlwxzbg/hlwtjbg/201902/t20190228_70645.htm，访问日期：2022 年 9 月 20 日。

等平台保障了政务信息的畅通，也给基层群众提供了表达意见和诉求的渠道。强化地方政府电子政务的服务能力建设在一定程度上增强了政府的公信力，同时也利于基层政府实现透明决策、科学理政，在广泛运用通信技术的大背景下，电子政务的服务和监管优势得到了充分体现。推进农村电子政务建设，具体就是，将资源进行集中统一管理，通过建立良好的服务规范，发布优质可靠的信息、提供群众监督和发声的通道。大力发展农村电子政务有利于增强政务信息通达性，通过信息化平台建设，进而逐步提高政府服务水平。

3. 推动发展农村电子商务

互联网的普及和广泛运用为农村电子商务提供了基础，在各级财政和国家专项资金的支持下，农村电子商务行业蓬勃发展。第一，依托农业和旅游业资源发展农村电子商务成效显著。电子商务是连接农村地区和全国大市场的重要媒介，部分农村电子商务发展形成了一定的优势，例如：距离中心城区和中心城镇近的农村、国家防返贫项目建设的农村、具有特色农产品或丰富旅游资源的农村、国家重点建设的农村电子商务示范点等都成为了农村电子商务发展的排头兵。部分农村充分利用农业和旅游业资源优势、交通和市场优势、国家扶助政策优势等打造出一批农业产业创新发展模式和农村电子商务发展的典型。以农林牧渔业为例，以往分散落后的生产水平和销售模式，制约着农业产业化的发展和农民的增收。现今，通过与大市场需求的对接，品牌农业、订单农业等逐步发展起来，农产品供销模式发生了较大的转变，从以往局限于村镇和县城等市场以零售为主转变为面向全国市场的线上线下相结合的模式。以旅游业为例，一部分自然风光秀丽、人文历史资源丰富、具有鲜明的民族特色或地域特色的农村，利用自身的自然资源和文化资源发展旅游业，通过互联网平台的传播，使农村休闲旅游成为拉动其经济发展新的增长点。第二，农产品电商行业标准和相关规章制度更加完善，农村电商平台和新村电商服务站的建设也逐步加强。农村电子商务的发展促进了特色农产品品牌和农村休闲旅游品牌的建设，在市、县政府的领导下，企业和农村合作社的协同下，农业产业园区也逐步兴起，成为区域经济龙头。第三，农村电子商务的专业人才培养也更加受到重视。在县、乡政府的牵头下，村政府大力引进农村电子商务的专业人才，同时，开办农村电子商务职业技能培训班，增强了农民利用互联网平台推销产品的能力。农村电子商务的发展促进了城乡区域协调发展和农民增收。2018 年，四川农村网络零售额实现 926.22 亿元，占当年全省网络零售额的 22%。从结构上看，农村服务型网络零售额达 535.15 亿元，在四川农村网络零售额中占比 58%。贫困县和示范县的电商零售额都获得了较大比例增长。农产品中，水果和茶叶等热销，水果中，柠檬、猕猴桃、橘子、芒果、枇杷线上销量领先；茶叶中，绿茶、茉莉花茶、麦茶三个品类销售火热。①

4. 建立发展农村物流网点

农村的物流发展尚处于起步阶段，初步实现农村物流网点乡镇全覆盖，但总的来说仍不完善。随着互联网平台和电子商务的兴起，网购成为村民购物的一种新方式，部分村民利用互联网平台将特色农副产品销往全国各地。农村物流作为农村电子商务的重要基础，事关农业现代化产销模式的创新以及推广。目前，村村通工程为农村物流网络的布局提供了良好的交通条件，农村物流网点的建设相较于以前更加成熟和深入，但总体布局仍旧不够完善。商业性快递公司在农村物流网点的布局仍不能满足农村经济社会发展的需要。农村物流体系不仅要解决农民买东西的问题，更重要的是解决卖东西的问题。就目前四川农村快递行业的发展和农产品网上销售的规模来看，已经建立的农村物流网点基本可以满足现行农产品线上销售的需要。从总体发展态势来看，受区域经济发展差异的影响，农村物流发展的程度差异巨大。成都平原经济区作为四川最发达的生产力的代表，其农村的发展在全省范围内也是领头羊，尤其以成都下辖乡镇为典型。成都所辖乡镇具有良好的地形条件、便捷的交通条件和良好的经济条件，综合几项有利因素，该地成为目前全川农村物流发展最好的地区。川南经济区和攀西经济区农业人口分布较为分散，农村物流资源也较为分散，一定程度上加大了农村物流经营难度，但由于川南和攀西地区具有特色农副产品等丰富的农业资源，农产品流通需求倒逼农村物流的发展，农村物流总体发展态势较好。川东北经济区和川西北经济区等地，受地形、资源、交通和经济发展条件的限制，农村物流体系建设则相对滞后。甘孜州、阿坝州、凉山州地区受地形和交通的限制，农村物流发展整体较差，但在农村物流的基础设施建设上得到了持续改善。

5. 进一步发挥市场决定性作用

农村市场在农村经济发展中的地位正不断提升，其发挥的经济促进效应也日益显著。党的十八届三中全会指出，“经济体制改革是全面深化改革的重点，核心问题是处理好政府和市场的关系，使市场在资源配置中起决定性作用和更好发挥政府作用。”② 市场作用被提到更为重要的位置，市场在农村资源配置中起决定性作用。从农村市场发挥的作用来看，近年来，农村不断加强农业各

① 四川省商务厅：《2018年四川省农村电商快速发展》，http：//www.sc.gov.cn/10462/10464/10465/10574/2019/1/24/a027ed217c6a4d8b88e55d2610e71703.shtml，访问日期：2022年9月20日。

② 新华社：《中共中央关于全面深化改革若干重大问题的决定》，http：//news.cnr.cn/native/gd/201311/t20131112_514111965.shtml，访问日期：2021年9月20日。

要素和资源的市场流通，农村市场体系建设进程加快，体系结构不断完善。以前农村市场相对隔离的状态有所改变，农村市场内部建立起有机的关联，并在统筹城乡市场规划和建设上也取得一定进展。互联网平台的建设和农村电子商务的发展将农村市场与区域城市市场乃至全国大市场进行了联结。从农村市场的类型来看，以往农村市场交易主要以农产品为主，农产品市场是目前农村发展最早也是最为主要的板块，与此同时，部分农村商业服务市场也逐步发展起来，农旅结合和文旅结合等多元化农村休闲游的出现带动了部分农村商业服务市场的兴起和发展。从农村市场的流通主体来看，随着农村新型经营制度的逐步发展，农村的土地、资本、技术的市场化程度有所提升。农村的投入和产出、农民收益都逐步市场化。与此同时，乡镇企业和地方性的农林牧渔业的龙头企业加入了农村市场，为农村市场注入了新鲜的活力和血液，加快了农村经济体制改革的步伐，农村的市场化程度不断提高。

（六）实事求是，持续探索治理新模式

1. 实事求是，因地制宜

在中国农村，每一个乡村的治理方式都是不尽相同的。由于各地在经济建设、历史发展、风俗习惯、乡土文化等方面存在诸多不同，使得乡村治理面临着复杂的局面，这个时候，更需要各地一方面积极学习借鉴典型村庄的治理经验，另一方面，因地制宜，寻找适合本村的治理路径，将这一非常复杂的系统工程做实做好，切实提高乡村治理能力。实施乡村治理的第一步是进行农村社区的划分与定位，一种合理的农村社区划分能直接推动后续治理工作的进程，直接关系到该地区的治理效果。值得一提的是，农村社区划分与城市社区划分存在明显的不同，城市社区划分更多是基于居住范围进行，而农村社区划分更关注地理环境、民族特色、风土人情、社会经济发展情况等多重因素。因此，简单照搬现有城市划分模式是不可取的，必须因地制宜，进行合理的社区划分。只有这样，才能进一步有效推进乡村的治理工作。其中扩大民主管理、深入开展社区群体性活动是重点任务。

基层治理要结合当地实际，具体情况具体分析，充分考虑当地自然地理条件，尊重当地居民文化与习惯等。如山区地区地广人稀，居民分散在大山的角角落落，过多的区域划分不利于基层治理的进行，难以提高管理质量与效率，而在此基础上形成的“村落”与“院落”治理就是因地制宜的治理模式。立足现实，寻找契合当地情况的农村社区设置模式、管理体制和运行机制是治理过程中的重点任务。社区设置关乎社区民众的日常生活起居，在方便民众的同时也有利于日后长效化的管理，因此在社区设置时，民主的贯彻必不可

少，比如，需要进行居民调查访谈、深入社区研究、广泛听取群众意见，在尊重民意的基础上，结合本地实际探索创新治理模式。其中，“一村一社区”“一村多社区”“自然村社区”“一社区多村落”等很多模式都在大范围地积极实施中。乡村治理是一个需要不断探索、大胆试验的工作，在推进中比较和总结各模式的优劣之处，不断调整、完善治理的运行机制，才能找到适合本地实际、能为当地居民谋幸福、助力地区农村社会良好运行、促进农村经济协调发展的路径。

2. 持续探索，不断完善

每种理论与模式都需要在实践中进行检验并加以完善，就如马克思主义传入中国一般，也是从欧洲式的马克思主义逐渐转变为中国化的马克思主义。在整个过程中有许多代马克思主义者不断地对马克思主义进行中国化的完善与优化，才造就了现今中国特色社会主义事业的日渐繁荣。农村基层治理创新也一样，应从现存的实际问题入手，实事求是，不断提出解决问题的思路与途径并加以完善。在现有的模式下进行创新也不是一件易事，要有不断探索、进取的意志与精神，在不断的打磨中促进相关理论与实践的进步，发现和解决农村基层治理中急需解决的实际问题，赋能乡村振兴。

第六章 Chapter 6 我国农村基层治理创新实践中存在的主要问题及原因分析

近年来，伴随着乡村振兴战略的深入实施，我国农村基层治理结构和治理能力取得诸多发展，尤其是在理论创新、实践探索、制度落地等方面成绩显著，农村基层社会在经济发展、民主政治建设、文化建设、社会建设、生态建设等方面的治理能力都得到了明显提升。但不得不承认，随着现代化步伐加快，现行的治理模式已经难以满足新时代的要求。在应对现代化转型过程中，农村基层治理仍面临众多挑战，研究越深入越能发现这些问题的同质性以及隐蔽性。在新时代，农村基层治理需要顺应时代发展，解决困扰基层治理的重点、难点问题，并分析其产生的原因，这是提高治理能力的必由之路。由于存在的主要问题及原因呈现多样性和复杂性，加之二者往往交织在一起，有时甚至难以区分，本章将其放在一起进行分析。

一、多元治理主体间协同性欠缺

（一）基层政府与村委会之间协同性不足

基层政府和村委会都是负责处理农村具体事宜的组织单位，二者具有共性同时也各具特色。基层政府是在农村地区中设置的最基层的一级政权组织，可以称之为“乡政”，主要职权是行政管理权。而村委会则是指从村民中选举产生，能够灵活积极处理村中内部事务的群众性自治组织，主要职权为自治权。党的十七大报告强调：“要深化乡镇机构改革，加强基层政权建设，完善政务公开、村务公开等制度，实现政府行政管理与基层群众自治有效衔接和良性互动。”① 而目前，我国基层政府行政管理与基层群众自治却存在一定程度的矛盾，究其原因，是多方面的。

---

① 胡锦涛：《高举中国特色社会主义伟大旗帜 为夺取全面建设小康社会新胜利而奋斗：在中国共产党第十七次全国代表大会上的报告（2007 年 10 月 15 日）》，人民出版社，2007。

第一，基层政权与村民自治权二元对立。在我国“乡政村治”体制下，乡镇政府代表国家权力的基层政权，其职能的实现有赖于村委会行政化的加强。因此，从权力配置和部门利益出发，乡镇政府为了保证贯彻落实上级政府分配的任务，往往会动用强有力的行政命令手段干预村委会自治权的运行，影响村级治理的良性运行。这导致村委会既需要承接来自乡镇政府的行政管理任务，又要“掌舵”本村事务。当上级政府的要求与农民意愿相违背时，村委会的双重身份二元对立，以至于工作无法正常有序开展。村委会自身的角色冲突使其既要承担职权范围外的行政事务又难以得到村民的信任和支持，导致村民自治功能弱化，乡村治理效能降低。

第二，由于农村基层政府与村委会之间的职能划分不明晰、工作定位不准确，导致两大主体在治理上存在沟通不畅、权力相互牵制等现象，无法实现有效协同。一方面，农村基层政府将行政权过度渗入农村自治事务中，无法使村民自治得到充分实现。仅从《村民委员会组织法》的角度看，这种行为似乎并未违反相关规定，但在现实中，农村基层政府往往采取一些隐蔽手法，通过不合理途径来干涉村委会财政收支、人员配比、设施建设等自治权，这也使得村委会内部人员在政府长期的“指导”下缺乏积极行动、创新思考的动力，行政化倾向明显。另一方面，农村基层政府可能会对村民自我管理事宜采取放任自流态度，使得村民自治行为不受约束。这极易导致农村社会的过度自治化——尽管有学者认为过度自治化的现象并不明显，可以忽略不计。但是这种放任自流、不管不问的态度会使一些农村精英、大型家族甚至社会黑恶势力把控村委会的自治权，滋生底层腐败，损害村民们合法合理的自治权，严重时甚至会造成农村基层社会的动荡不安。因此，对于如何严格界定基层政府与村委会的职能安排，有效协调两者之间的互动关系，切实加大农村打黑除恶工作力度等，都需要引起农村基层政府的高度关注。

（二）村党支部和村委会之间协同性不足

在推进农村基层治理转型和实施乡村振兴战略中，村党支部和村委会作为基层治理的主体发挥着至关重要的主导作用。党的基层组织是发挥党的战斗力的基础，其中村党支部具有核心领导地位，要发挥在农村各项事务中对于村委会工作的带领、指导、组织、协调等作用，合理规划乡村发展路线，保证党的各项方针、政策的落地落实，并且持续健康推进农村两个文明建设。然而，实践证明，村党支部和村委会之间职能划分过于原则化或者弹性较大，都会导致一些地方出现因职能划分不清而产生工作不协调、相互掣肘的现象，村党支部和村委会的关系也日益紧张。主要表现为以下几种情况：其一，由于村党支部和村委会二者权责关系划分不清，在处理村公共事务时，出现角色错位，甚至各自为营，相互拆台；其二，村党支部过分强调党的绝对领导，统揽了许多本该由村委会行使的权力，导致村委会无法发挥应有作用，形同虚设；其三，在部分村委会占领导优势的地方，村委会干部则切断了与村党支部之间领导、协同关系，以村民自治作为挡箭牌，不配合村党支部的思想指导、组织协调等工作，将村党支部逐渐边缘化。总之，村党支部和村委会之间非良性的关系，严重影响“两委”在公共事务中的领导力、组织力、服务力和执行力。甚至在“两委”矛盾尖锐的村庄，大量公共事务被长期搁置，未得到有效处理，致使农村的公共服务和基础设施建设成为矛盾激化的牺牲品，长此以往，不利于农村社会的持续健康发展。

（三）村“两委”和民间社会组织协同性不足

民间社会组织不仅是乡村治理的社会主体，更是一股重要的国家治理力量。《中共中央国务院关于实施乡村振兴战略的意见》中明确指出，要“建立健全党委领导、政府负责、社会协同、公众参与、法治保障的现代乡村社会治理体制。”由此可见，农村基层治理是融合了基层党委组织领导、基层乡镇政府行政指导、村委会自治实践、基层广大群众广泛参与的多元协商治理机制。人民至上，充分发挥人民的积极主动性是我们党长盛不衰的根源之一，如何调动群众参与基层社会治理的积极性是探索农村社会治理有效性的重要议题。关于如何实现和保障村民自治，《村民委员会组织法》明确指出“民主选举、民主决策、民主管理、民主监督”是村民自治、社会治理科学推进的主要内容，充分保障了农民群众参与自治的广度和深度。而在实际中，大部分乡镇政府或村“两委”仍沿袭旧时做法，在未提前通知群众、与群众商议的前提下就自主进行社会公共事务的决策，将农民群众与各种群众性自治组织排斥在基层治理之外，严重忽视了自治组织在农村基层治理中的作用，也严重削弱了群众的参与积极性。只有调动农民群众有序、有效参与社会公共事务，才能改变部分地区乡镇政府和村“两委”占绝对主导地位的基层治理结构，发挥多元主体治理优势，推进基层治理体系的现代化发展。

（四）乡村精英与村民协同参与不足

随着我国工业化和城镇化进程的不断加快，大量社会资源汇聚到城市特别是大城市中。由于户籍制度的改革调整，农村发展不平衡、不充分状况比较突出，城乡差距依然明显，城市的“虹吸效应”日渐增强，导致乡村精英持续地由农村向城市单向流动。由于大量农村人口，尤其是青壮年劳力不断外流，乡村精英人才流失严重，老弱病幼等弱势群体成为农村的留守人群，农村“空心化”问题严峻，乡村精英的协同治理力量缺乏。

农村基层治理需要村民拥有积极参与的主体意识和集体利益大于个人利益的观念。就纵向比较而言，村民的民主意识有了一定的提升。但受经济水平、传统观念、受教育程度等因素制约，村民总体的民主与法治意识较淡漠，对自身享有的公民权利认识不到位，对依法参与村务管理不够关心。村民在民主选举、表达和维护自身权益诉求以及参与村庄治理事务等过程中，往往自然而然忽略了民主和法治的方式和途径。从村民参加村干部选举的调研统计结果可见，普通村民参政意识明显较薄弱，往往致力于增加收入；而有的村民由于选择了进城务工，受工作时间、资金、距离和交通方式等因素影响，参与治理的主动性和参与程度偏低（表 6 - 1）。而留守弱势群体文化水平普遍偏低，对乡村协同治理建设缺乏应有的认识，要么参与积极性不高，要么不具备参与条件，这种现象也造成了我国农村基层治理参与主体的缺失。

表 6 - 1　村民参加选举主动性情况统计

项目	人数	占比/%
主动参与	115	47.1
被动参与	129	52.9
合计	244	100

就乡村精英而言，当前农村受资源、经济、交通等条件限制，对外来人才吸引力不强，人才引进困难，特别是对外来精英，如大学生村官的价值及其在乡村治理中的作用还不够重视，给外来精英的吸纳和培育造成了困难。乡村内生精英如行业带头人、区域带头人、农业种植养殖技术骨干、乡贤等，是乡村治理中的关键性人物，因其专业水平、受教育程度、德行等区别于村组内其他村民而备受关注。由于与其他村民具有相似的成长环境和文化认同，乡村内生精英在获得村民信任的基础上，可以合理利用自己的威望、专业知识和技能，协同乡村干部和村民一起建设乡村共同体。然而，部分类型的精英也存在一定问题：“长老型”精英因思维模式比较传统，做事保守，自身的能力和素质已经无法适应当前乡村社会发展的需求；“制度型”精英出于对个人既得利益的维护，不愿为乡村的发展和产业结构调整做出相应的努力，阻碍了一些具备发展条件的乡村地区的转型；“能人型”精英出于对个人利益的追求，难以在市场经济环境下带领村民共同致富。随着乡村振兴战略的提出，在广大乡村构建起有效率的、合理的、均衡的社会治理结构面临巨大挑

战，农村社会外来精英和内生精英如何发挥在乡村治理中的作用成为一个亟待研究的重要课题。

结合以上分析，当前我国多主体农村基层治理的合力尚未形成。改革开放40多年以来，我国农村社会发生着深刻而剧烈的变化。务工农民的大量外流在不同程度上减少了农民对农业生产和乡村生活的依赖，原来以宗族血缘为纽带的人情式关系网络不再紧密。农村社会的农民稳定性减弱、流动性增强，社会生活由同质化向异质化转变，社会价值由一元化向多元化转变。与此同时，留守在农村的农民，彼此之间的生产生活依存度在降低，村民之间贫富差距拉大，相互之间信任度下降，参与乡村治理的多元主体差异较大，价值取向和利益诉求也不尽相同，加之乡村中尚未形成资源共享的理念，导致各主体之间沟通合作的机会较少，不利于基层治理合力的有效形成。

二、现代治理方式运用中存在的诸多问题

（一）数字化治理存在的问题

数字化管理的本意是指利用计算机、通信、网络等技术，通过统计技术量化管理对象与管理行为，实现研发、组织、生产、协调、销售、服务、创新等职能的管理活动和方法。数字化治理借用数字化管理的思路，在治理过程中强调以人为本，理解人、尊重人，激发人的积极性和创造性，挖掘人的潜能，充分发挥人的才干，以取得最好的工作绩效，实现组织预期目标。当前的数字化治理存在以下问题。

首先，村民对数字化治理的接受度较低。在推进数字化治理的过程中，村民对数字化治理认识不到位，导致参与率相对较低，这样数字乡村治理的实施就缺乏群众基础，这导致推进数字乡村治理的难度越来越大。乡村留守老年人缺乏对数字化治理的认知和接受能力，比如，一些小程序的操作比较复杂，老年人无法方便、高效地使用它们。

其次，数字化治理的基础设施建设不足。农业农村信息化财政投入不足，使得乡村互联网接入范围受限，移动网络信号不佳等问题时有发生，电商配套基础设施不完善，这些情况极大地阻碍了乡村地区与外界的交流互通，影响乡村地区的整体活力和结构转型。

再次，农村现有网络设施作用发挥不充分，网络增长条件与空间不足。信息革命带来了传播格局的变化，传统的农村基层治理面临诸多难题。在全面脱贫成果的基础上进一步推进乡村振兴，适应新时代经济社会发展要求，持续创新基层治理的制度模式、方式方法是农村基层治理走向现代化的必然路径。实

践证明农村社会治理的“互联网＋”模式如果运用得当，能够有效推进农村基层治理能力迈上新台阶。互联网平台的使用，打破了时间、空间的束缚，政府通过官方平台面向民众发布各项发展政策以及提供网上政务办理的服务流程，大大提高了信息传达和办事的效率。此外，交互式信息服务手段的运用也能够快速有效地推进村内事务管理能力提升，如雅安市部分乡镇（街道）已将党政信息网络覆盖至各行政村，村民们可通过政府网站发表自己的观点意见，有任何需求都可向政府直接反映，并且能及时了解政府最新的工作动态，还可以灵活地查阅政府各部门的办事程序和办事结果，最后还能对政府办事效率和效果进行评价。但由于许多主客观原因，部分农村地区尚存在电子政务系统的普及率不高、互联网平台使用不足等问题。中国互联网网络信息中心发布的第45次《中国互联网络发展状况统计报告》明确指出，截至2020年3月，我国农村网民规模为2.55亿，占网民整体的28.2%，较2018年底增长3 308万；城镇网民规模为6.49亿，占网民整体的71.8%，较2018年底增长4 200万。① 总体而言，我国城乡网民规模不断增加，互联网普及率也持续提升，但城市与乡村二者差距仍大。

最后，数据整合共享存在障碍。由于缺乏信息共享平台，治理主体之间信息共享不及时，容易造成误差。已经普及的微信平台只能用于简单的信息分享，无法对数据进行深加工和资源挖掘。从信息共享情况来看，掌控数据信息资源的政府部门或企业组织不能及时有效地向民众传递相关信息；而民众的需求信息也难以及时通过收集进而反馈至政府有关部门。

（二）网格化治理存在的问题

网格化管理是利用电子网络地图技术，依据一定规则，将管理区域划分为网格状单元，并配备相应网格服务员，对每一网格实施动态、全方位管理。通过信息化、智能化的现代技术建立网格化信息管理系统，网格化管理在将管理服务精细化的同时，也将过去被动应对问题的管理模式转变为主动发现问题和解决问题的模式，保证管理的敏捷、精确和高效，提升了管理的能力和水平。在现阶段的农村社会治理过程中，网格化管理成为一种新的基层治理方式。但是仍然存在一些不足：

其一，网格化管理的运用面有待拓展。在城市及社区管理中，网格化管理得到了普遍运用。但是在广大农村，网格化管理在面上还停留在少数先进村

① 中国互联网网络信息中心：第45次《中国互联网络发展状况统计报告》，http：//www. cnnic. net. cn/hlwfzyj/hlwxzbg/hlwtjbg/201902/t20190228 _ 70645. htm，访问日期：2022年9月20日。

社、标杆示范社区，没有得到全面广泛地运用推广，而一些已经运用网格化手段治理的村社，在实践中缺乏创新突破。在问题处置方面，主要应用于突发事件与危机，如应对地质灾害、处置公共卫生事件等；在管理推进方面，在农村重点工作领域及处理主要问题时，网格化管理机制可以得到重视和落实，而在非重点工作领域及处理一般问题时，网格管理工作则处于被动应付状态。

其二，网格员队伍有待完善。随着城市化建设的不断推进，大量的社会公共资源向城市倾斜，也因此吸引了很多年轻人通过打工、创业、求学等途径在城市定居。而农村留守人口大多是老弱病幼群体，农村成为人才洼地。由此，网格员普遍年龄偏高、文化教育水平偏低、管理技能较弱、责任感不强，这不利于网格化基层治理的全面开展。此外，基层政府在治理中仍占主导地位，划分网格、配置管理队伍等都有赖于地方政府的扶持，存在政府过度干预农村网格化基层治理的问题。究其主要原因在于乡镇政府掌握着公共资源的配置权，致使部分公共权力单向运行，而本应该作为参与主体的民众却成为被支配者。

其三，网格化基层治理的体制机制有待完善。不同的乡镇有其自身相对独立的一套考核方法，由于每个乡镇的考核标准不一致，致使目前尚未建立可行的激励保障机制，尤其是大多村干部都兼任了村级网格员，却并没有获得参与网格管理的薪酬回报，这就降低了他们的工作积极性。由于网格化基层治理的相关运行机制尚未健全，从而导致一些职能部门不作为，甚至在部门之间开始“踢皮球”，这不仅没有切实履行好保障公民利益的职责，也会降低网格化基层治理体系在公众心中的公信力。

其四，网格信息的处理存在问题。由于认知水平、重视程度不够，部分地区未配备专职人员对政务平台进行管理维护，使得门户网站信息长期缺乏更新，网格内群众的诉求不能在第一时间通过网络平台上报，导致许多问题得不到及时解决。此外，由于一些村民无法正确使用网络平台，存在村民无中生有乱报、同一问题多次上报等现象，造成信息处理效率低下、处理程序混乱等情况。

（三）“三治融合”治理存在的问题

当前，自治、法治、德治“三治融合”的基层社会治理体系正处于构建阶段，具有不成熟、表层化等特点，实践过程中存在一些问题。主要表现在：

第一，“三治”不协同的行为惯性依然存在。较为成熟的治理模式应当是多主体协同治理，各治理主体相互协作、共同参与基层治理，有序分工、互相合作。但是在现实中，村民们一般只会通过自治的途径解决矛盾及问题，而忽视法治及德治的重要作用，这就造成了基层治理中社会矛盾化解渠道单一的现状。

第二，“三治融合”治理理念尚未成型。村民自治有效处理了大量的农村基层事务，同时促进了农民自我管理水平的提升。不过在这个过程中，有的地区过度强调自治，而忽视了法治与德治，反之的情况亦存在。这两种做法都不够系统全面，因此最后的治理效果、水平以及效率都远远达不到预期。融合观念的缺失也导致了各治理主体在治理参与过程中责任意识淡化、权限划分不明确，各主体之间矛盾频发，进一步影响了“三治融合”的实际效果。

第三，“三治融合”治理制度机制供给不足。“三治融合”治理制度机制的确立目的是从法治层面规范自治与德治，保障“三治融合”乡村社会治理工作的有序开展。近年来，国家和各级政府虽一直积极推进法治层面制度机制的建设，也提出了一些有关“三治融合”建设方面的制度条例，但客观地说，就现阶段的农村制度体系而言，自治、法治、德治三方面的相关制度尚未建立完备，且“三治融合”的协同机制不足，现有的制度条例相对抽象，并不具体，不利于“三治融合”整体的有序发展。

三、基层治理制度创新实操困难

（一）治理主体自治观念和法治观念落后

民族要复兴，乡村必振兴。而要实现乡村振兴，离不开农村治理能力和水平的提升。以村民为主体的村民自治，是国家治理和村民自我管理的有机融合，是提升乡村治理现代化能力和水平的重要途径。要实现自治、法治、德治有效结合，转变治理主体的传统治理思维是首要前提。创新思维作为意识形态，虽不具有直接现实性，但人民群众通过科学理论的武装，将其付诸实践，就充分体现了其现实意义。历史和实践表明，先进的治理模式和思维有利于推动社会进步。新型农村社会建设为农村治理创新提供了物质基础，创新农村治理思维和模式有利于打造农村新面貌、寻求农业新契机、焕发农民新生机。而当前农村治理的首要问题是治理主体陈旧的思维模式无法适应农村社会发展的步伐。主要表现为：

1. “一元化”治理观念的固化

农村基层治理本应是一个追求社会和谐发展的过程，是一个多元主体协同合作的过程。然而，受“一元化”治理观念的影响，目前我国主要的乡村治理主体是基层政府。一方面，“一元化”治理理念表现为基层政府发挥绝对主导作用。“全能型”政府虽在特定历史时期发挥过积极作用，但随着市场经济的不断发展，市场在资源配置中起决定性作用，“大政府、小市场”已不再适应当前社会的需要，“全能型”政府向“服务型”政府转变已成必然趋势。

目前，大部分村民受教育程度较低，因此对于农村治理处于被动状态。部分村民甚至存在“等政府办、靠政府办”的思想。现代化农村存在大量的机遇，如同一块巨大的利益蛋糕，若仍实施“一元化”治理模式，某些存有私欲的村委会干部利用职务之便滥用治理权限，滋生腐败，严重影响农村社会自治和农民自我教育、自我管理、自我服务的发展。因此，农村治理格局的完善是一个多方融合参与的过程，除了强调国家、政府、村民自治组织外还应重视社会组织、企业和农民个体等社会力量的参与，不能做出所谓“乡政府的治理”和“村民治理”的分割。

2.“刚性式”治理理念的存在

为更好地执行上级政府行政指令、保证指令落实落地，部分农村地区采取“刚性式”的原始施政手段，即运用法律约束、行政监督、强迫控制等硬性手段，对指令违反者或拒绝执行者实施警告、罚款、拘留等处分，这种过度强硬的治理方式是导致基层治理创新难的又一大因素。“刚性式”治理方式的存在，一方面，由于农村基层治理主体自身素质低、能力不足且差异较大，在执行上级指令的过程中不善于运用科学手段，所以一味寻求简单粗暴方式要求农民群众落实。另一方面，由于强硬治理带来的短期执政效益明显，农村基层治理主体为了突出自身政绩热衷推行“刚性式”治理手段。然而，“刚性式”治理所带来的弊端也是明显的，无法真正成为农村基层治理的良性手段。“柔性式”治理是真正以“为人民服务”为主旨的治理模式，是顺应时代发展方向探寻新时代治理创新渠道的成果，也是政府角色实现由全能型政府到服务型政府转变的有力手段。要将强制执行基层政府的政策变为引导实施，明确各组织部门的权责，推行阳光公务，并真正让农村村民参与其中，推进农村的健康持续发展。

（二）基层治理制度普适性低

农村多元化主体协同治理机制对构建安定、和谐、有序的乡村社会发挥着重要作用。但在实施过程中，受传统封闭式治理理念，以及政党组织、政府组织、乡村社会组织、村民等多元治理主体间职能定位模糊、边界不清的影响，多元主体无法有效发挥各自作用，表现为：

其一，农村多元主体职能未能得到有效发挥。1983 年我国推行的“乡政村治”模式已不再适应当前社会的发展需求，为实现“善治”目标，需不断完善我国农村治理模式。农村多元主体的协同治理，使各主体通过协商、互助、合作等方式共同参与到乡村社会公共事务的管理中来，是对当前乡村治理模式的新探索。但在推行过程中，参与农村社会管理的依然是新型农村的社区管委会和其他的专门委员会，多元主体职能未能发挥应有作用。原因主要归结为以下几种。一方面，多元主体协同性低，权责不明确、责任意识不足，导致治理过程中各部分作用未能实现最大化。新型农村的社区管理者和服务者大多沿用原村委会成员、农村赋闲中老年人、家庭妇女等，由于缺乏参与相关专业知识学习和培训的机会，大多无法胜任本职工作。此外，社工服务和保障机制不完善，无法吸纳专业人才的参与。另一方面，受经济利益驱使，经济性组织试图通过参与农村社区治理，满足“用服务换权力”“为服务买单”等私欲，若私欲未能有效满足，势必会影响其参与新型农村社区治理事务的积极性。

其二，农村多元主体协同机制的治理效果不明显。主要表现为以下几种情况。一方面，多元主体的协同共治作为新时代的新探索，本应在推动农村社会治理中发挥重要作用，但由于运作机制还处于探索阶段，具体实施细则未能有效征求农村村民的意见，机制的政策化倾向仍然严重。另一方面，农村多元主体协同治理机制的优越性未能得到有效发挥，缺少吸纳农村高水平技术专业人才的有效手段，导致农村公共事务或专项计划出现推动进度落后或停滞现象。此外，新型农村社区管理人员的非技术化、非专业化不仅催生了面子工程、豆腐渣工程以及熟人政治，而且在调节和处理公共事务和资源配置中的不当方式，也激化了村民矛盾。因此，如何将农村多元主体协同治理机制真正有效贯彻落实仍是当前农村社会治理的重大课题。

（三）创新治理体制机制不完善

多元主体参与乡村治理趋势日盛，但多元主体协同治理机制有待进一步完善。多数乡村并未真正形成多元主体协同治理的格局，村“两委”协同治理能力亟待提升，乡村民间社会组织力量仍旧薄弱，其主体性和治理功能没有得到有效发挥，村民以及乡村精英参与治理的意识有待增强、能力有待提高。乡村干部民主选举制度和协同共商机制不健全，乡村精英的作用未得到足够重视，乡村精英的大量流失没有得到有效遏制，乡村治理人才回流机制不完善。受传统官本位思想影响，村民以及民间社会组织对自身能否发挥对村干部以及权威性治理主体的监督作用抱持怀疑态度，村民长期以来游离于乡村治理体系之外，缺乏对村“两委”及村干部的监督意识和能力，治理体系中的权力制约与监督机制不完善。

（四）乡村生态缺乏长效治理机制

当前，我国尚处于农业现代化发展进程中，农业科技推广仍旧缺乏系统化保障，科学施肥、病虫害防治、农田耕作以及栽培技术等尚未高效普及，乡村农业生产距离集约型发展的目标仍旧相去甚远。部分地区的农民为了提高作物产量，滥用农药，造成土壤污染。村民秸秆焚烧的观念没有从根本上消除，秸秆利用率低的问题尚没有得到有效解决，大量的秸秆作为废弃物和污染物无法得到适当的处理和利用。个别乡村饮用水源受到养殖业发展带来的大量畜禽粪便乱排乱放的污染，同时，农业灌溉水源受工业废水废渣污染现象仍时有发生。部分未处理好的农业废水、工业废物、建筑废渣污染了河流和湖泊，对渔业有一定的影响。生活垃圾处理已获得明显改善，但仍旧有少部分乡村存在乱扔乱倒垃圾甚至就地焚烧垃圾的现象。这些都严重影响了村容整洁，影响乡村生态环境，加剧了土壤问题，加大了地质灾害的风险。此外，乡村农业产业结构不合理和盲目发展以及对乡村旅游业的过度开发使得农村土地资源、水资源和森林资源等遭到不同程度的破坏，出现生态建设短板。总而言之，乡村环境污染治理以及生态保护长效机制尚不健全。

在我国现阶段的乡村治理中，由于制度的缺失、国家法律法规体系的局限性等原因，政府仍在治理中充当主导角色，导致村“两委”、村民、乡村精英和社会组织等主体参与治理的权责不明确，各主体参与乡村治理的积极性和主动性减弱，阻碍了多主体共同治理作用的发挥。因此，现阶段必须尽快建立和健全多主体参与的乡村基层协同治理机制，实现主体资源的最优化配置，推动治理合力的形成。

四、农村基层治理经费保障不足

新时代，随着我国经济的高质量发展和国家财政体制的不断改革，农村基层政府性财政收入呈现上升趋势，但相对于农村巨量的投入需求，仍存在总体投入不足、地区之间财政收入不均衡等问题。具体包括：

首先，农村基层社会的治理经费总体投入不足。我国农村幅员辽阔，村级事务繁杂。农村基层社会治理的经费主要来自政府财政投入，然而地方政府财政主要用于发展经济和完善基础设施建设，对基层治理的经费投入相对有限，这些资金对于涵盖范围广、涉及种类复杂的农村基层社会治理工作是杯水车薪，有的地方政府财政只能勉强维持基础事务开支，无法保障基层治理工作正常运转。

其次，部分基层政府财政自给能力较弱。自1994年分税制改革实施以来，尤其是2000年的农村税费改革和2006年农业税的取消，使得原来可以通过农业税提留的县级财政收入不复存在，县级财政只能依靠中央和省市级财政拨付，导致县级政府总体财政自给率不断下降。2014年12月，国务院发布了《关于改革和完善中央对地方转移支付制度的意见》，提出要调整不合理的财政结构，加大对地方政府的财政支持力度，实现资金畅通、运行有效。但在实际操作中，县级政府的财政制度仍存在不合理之处，比如未明确规范实施标准，而这些不明晰之处往往导致运行过程困难重重。

再次，村级集体经济薄弱。村级集体经济是农村党组织凝聚群众力量、开展各项工作的物质基础，是实现农村现代化的坚强支柱。村级集体经济发展得好，村级组织统一支配的财力雄厚，村集体就会有能力为全村人办大事，有钱为村民办实事、办好事。但是，由于很多村集体收入少、底子薄，村党支部和村委会无钱办实事的问题相当突出，微薄的集体经济收入只能勉强应付日常的工作开支或做些小修小补的工作，至于修路建桥、挖渠修堤、农网改造、建设新农村文化阵地等工作，只能依靠上级拨款或群众集资投工投劳等方法解决，否则工作无法进行，更谈不上开展什么公益事业了。

最后，村民不愿意为本村的公共事务掏腰包、做贡献。农村中有文化、有远见、有学识的劳动力人口基本上都选择外出务工或创业，以寻找更多的发展空间，而留守在村内的成年人大多数是老人、妇女，文化素养普遍不高，资源共享意识不足，对乡村基层治理工作理解不深，表现出“事不关己，高高挂起”的消极思想，特别是在经济发展相对落后的地区，这种情况更为突出。因此，要求村民为本村的公共事务分担资金或出工出力难以实现，这也导致基层社会治理资金投入不足。

基层政府财政支出作为政府调节经济的手段，是推动当地经济可持续发展的重要动力。基层政府财政支出主要涉及竞争性项目、基础性项目和公益性项目，这些也是政府财政支出的重点。因此，为确保乡村建设、乡村发展和协调治理的顺利推进，必须加强各级政府对农村基层治理的资金支持力度，优化地方政府财政支出结构，同时也要积极进行其他渠道的社会资金筹集，发动企业和社会力量开展募捐活动，加强与多元社会组织协作，有效整合社会资源，给予基层社会治理全方位的财力、物力支持。

五、农村基层治理的科学评价体系尚待完善

严格说来，我国农村基层治理有专属的考评标准和要求，但其最大问题是

随意、混乱、零碎、僵化，远不能适应丰富多彩的乡村治理实践，更不能满足新时代中国特色社会主义发展要求。具体体现在以下几方面：

第一，追求“经济至上”导致忽略甚至无视其他指标，缺乏均衡、合理、高效的考评标准。在社会主义初级阶段，以经济建设为中心，将经济发展作为农村基层治理的重中之重，本来无可厚非，但将经济发展指标作为绝对甚至唯一标准，势必导致农村治理走向单一化和表面化，削弱长远的可持续健康发展动能。

第二，以“一刀切”代替个性化和差异化标准，缺乏中国特色尤其是地方特色标准。目前，普及化、趋同化和模式化是农村基层治理考核标准的最大弊端。另外，存在过度重视事后考评，忽略事中考评和事前考评的问题。同时，考评中的形式主义问题也比较突出。

第三，观念保守和路径依赖加剧了考评制度的固化之势，缺乏系统性、精细化、具备可行性的考评体系。在农村基层治理过程中，不论是考评内容还是考评形式，不论是考评手段还是考评方法，长期以来都缺乏发展动能和创新性突破，这与农村治理的快速发展特别是新时代的具体要求极不相符。比如，国家对干部的考核是从“德、能、勤、绩、廉”五个主要方面进行，农村基层干部考评也照搬照抄，简单套用这一标准，而未能结合农村具体实际和工作目标进行创造性探索运用。

第四，考评活动演变为乡村领导干部的一种行为，缺乏以广大普通干部群众尤其是人民群众为主体的考评制度机制。有的地方在考评活动中进行了一些探索，让村民或居民参与考评活动。然而，整体而言，农村基层治理考评活动基本还停留在“强行政”，考评标准、考评内容、考评方式和考评结果等往往都由领导甚至主要领导说了算，难以实现在人民群众真正充分讨论后的民主集中。即使让普通群众参与，参与人数往往很少，真正做到强“民意”重“协商”的比较少。

2019 年 10 月，中国共产党第十九届中央委员会第四次全体会议审议通过了《中共中央关于坚持和完善中国特色社会主义制度、推进国家治理体系和治理能力现代化若干重大问题的决定》，强调坚持和完善中国特色社会主义制度、推进国家治理体系和治理能力现代化，是关系党和国家事业兴旺发达、国家长治久安、人民幸福安康的重大问题。因此，既要总结和承继以往农村基层考评的成功经验，更要看到其不足和局限，加快建立健全农村基层治理科学考评体系，具有特殊的重要意义。

第七章 Chapter 7 我国农村基层治理实践面临的新挑战、新目标、新要求和重点任务

新时代我国乡村治理形势的变化，社会主要矛盾的转化和城乡关系一体化发展对农村社会治理实践提出了新要求。党的十九大报告中首次提出乡村振兴战略，“治理有效”——促进乡村治理现代化并提高治理效率是其重要内容之一，这为农村基层治理设定了新目标、新要求，农村社会治理实践面临一系列重点任务。

一、农村基层治理实践面临的新挑战

（一）社会主要矛盾的转化使农村基层治理实践面临新挑战

党的十九大报告提出，当前我国社会主要矛盾已经由“人民日益增长的物质文化需要与落后的社会生产之间的矛盾”转化为“人民日益增长的美好生活需要和不平衡不充分的发展之间的矛盾”。这不仅意味着我国社会供需矛盾由较低层级供需矛盾向中高层级供需矛盾的转变，从“数量短缺型”供需矛盾向“优质不足型”的供需矛盾转变，也意味着党的方针、政策和政府的执政理念随着新时代的发展而调整、改变。

人民的美好生活需要不仅包括日益增长的物质需要，而且包括日益增长的精神文化需要，以及在此基础上衍生出来的获得感、安全感、幸福感以及对人格尊严、民主权利、公平正义等的需求。由于经济发展的不充分与地区间发展的不平衡，使得以消耗自然资源和体力劳动为特点的粗放型经济增长方式仍在一定时间内持续存在。社会主要矛盾的转化，意味着在新时代背景下，满足人民日益增长的美好生活需要成为各级政府的执政目标，同时也揭示了不平衡不充分发展已成为制约全面建成小康社会的突出短板和薄弱环节，也成为制约农村基层治理体系建设的主要因素。我国农村的人民群众对生活有了更高标准的追求，为了能够较好地满足这些需要，就要将解决社会主要矛盾作为农村社会

治理的重要目标，并以此为中心开展农村社会治理工作。

第一，社会主要矛盾的转化推动乡村社会治理格局的变化。21 世纪以来，党和国家不断加大对农业农村的政策倾斜，减轻了农民的负担，加上工业化、信息化、城镇化和农业农村现代化的协同推进，乡村社会治理格局发生了根本性变化。原来由于收取农业税费和执行计划生育等政策导致的乡村矛盾得到一定程度的缓解，不仅改善了基层的社会面貌，调节了紧张的干群关系，也在一定程度上推动了基层政府从管理型向服务型的转变，逐渐从收取农业税费、执行计划生育等“硬指标”任务中解放出来，回归到供给公共服务的“软指标”上。

第二，社会主要矛盾的转化推动乡村社会治理资源配置的变化。当前乡村治理的难点之一是如何对现有各种农业、农村资源进行分配，或是对原有沉睡的资源进行再分配，以及以何种方式提供公共服务进行制度匹配。各级地方政府需要克服“条块”部门之间的利益冲突和区域之间的利益冲突，将乡村治理资源（项目、土地、资金）与制度供给的有效性进行匹配，进而改善城乡发展不平衡不充分的状况，逐步实现城乡融合发展。

第三，社会主要矛盾的转化推动乡村社会治理制度的变化。虽然党和政府通过各类型规范性文件的发布，特别是中央 1 号文件，明确要求各级政府落实乡村治理的各项制度安排。但在具体落实过程中，由于基层政府强调自己的利益倾向，往往采取选择性执行的方式，使得乡村治理政策难以得到全面落实，导致一些农村出现土地使用不规范，项目资金分配不合理、使用不透明，项目监管不到位等问题，折射出乡村发展需求与乡村治理资源分配制度之间不匹配的矛盾。

我国社会主要矛盾的转化，不仅要求各级政府将党中央惠农政策落地办好，把项目、资金、资源在基层进行合理分配，而且要求对乡村治理的方式进行优化和升级，使乡村治理资源得到充分利用，进而实现乡村均衡性发展。

（二）城乡关系一体化发展对农村基层治理实践提出的新挑战

中国特色社会主义进入新时代，我国城乡关系一体化取得新进展，农村社会结构、农民利益诉求随之而改变，农村所面临的新情况、新问题给农村社会治理带来了新的挑战。主要表现在以下三个方面：

第一，城乡一体化不断发展，农村和城镇管理社会事务的界限不清。城乡一体化就是要把工业与农业、城市与乡村、城镇居民与农村村民作为一个整体，统筹谋划、综合研究，通过体制改革和政策调整，加快城乡在规划建设、产业发展、市场信息、政策措施、生态环境保护、社会事业发展等方面的一体化进程，使整个城乡经济社会实现全面、协调、可持续的发展。可见，城乡一体化发展的目标不是将农村变为城市。因此，在这一过程中，如何协调好各方的利益关系、如何清楚界定各治理主体的职责显得至关重要。只有突出好基层党组织的引领作用，明确好城市和乡村各自的角色定位，发挥好城市和乡村各自的功能，才能构建有效的社会运行机制。

第二，城镇化发展迅速，农村空心化现象严重。由于现代城市发展的聚集力大，许多农村青年外出打工、学习，并且在城中定居，导致村庄空心化，由此带来的农村人才培育问题、留守老人的养老问题与留守儿童的教育问题异常突出。与此同时，政府对农村的财政支持政策虽在农村不断推行，但并没有建立起与之相配套的民主评议制度，也就难以保证各项政策的贯彻落实。如何切实落实农村养老保险制度、教育制度、用人制度，如何进一步实现城乡公共资源均衡配置，如何营造民主法治的治理环境成为亟须解决的问题。

第三，随着城镇化的不断推进，农村面临的各种矛盾也逐渐增多。比如房屋拆迁补偿引起的群体性事件、农村人口流动频繁导致人员不易集中管理、城镇建设征地问题引起的利益分配纠纷、工农业生产带来的环境破坏与污染等问题，以及这些问题的叠加效应，严重影响了农村社会的和谐稳定。这就需要创新农村社会治理模式，综合运用法律约束、道德教育、网络技术等手段稳定农村社会秩序，解决好社会公平正义等实质性问题。

二、乡村振兴背景下农村基层治理实践面临的新目标

2020年，我国夺取了脱贫攻坚战的全面胜利，实现了全面建成小康社会的战略目标，向实现共同富裕迈出了关键一步。乡村振兴战略的深入贯彻实施，对提高农村治理的水平具有重要意义，为解决新时代新阶段的“三农”问题提供了指导，同时为农村基层治理提出了新的目标，即推进治理体系和治理能力现代化。

（一）构建基于有效性的“三治融合”农村基层治理体系

法治是健全我国乡村治理体系的保障，乡村治理体系能否平稳运行取决于乡村社会治理法治化的推进水平。目前，我国乡村治理基本做到有法可依，但是在有法必依、执法必严、违法必究等方面还有很大提升空间。因此，要加强对乡村的依法治理，需要善于运用法治思维进行社会规划，公开管理过程、明晰责任界定，并善于运用法治方式处理乡村社会问题，提高乡村治理法治化水平。

德治是健全我国乡村社会治理体系的重要支撑。我国乡村是典型的人情社会、熟人社会，而人情与道德、习俗紧密相连，对其善加引导利用便可形成与法治相辅相成的德治。健全乡村社会治理体系，必须整合社会价值，重塑乡村德治秩序。

村民自治是农村民主政治的具体体现。我国农村实行基层群众自治制度，自治在农村基层治理中扮演着重要角色，是最基础也是最重要的一环，是健全农村基层治理体系的核心内容。坚持村民自治，就是坚持了马克思主义群众观，真正做到以人民为中心，这是完善农村基层治理体系、建设社会主义美丽乡村的关键。

党的十八届四中全会指明，全面依法治国的重要内容是要坚持依法治国和以德治国相结合，二者在治国理政中是相辅相成、相互促进的。无论是在国家治理层面，还是在农村基层治理实践中，法治与德治都充当着重要的角色，法律与道德需要“两手抓、两手硬”。道德先于法律产生，二者所属范畴有所区别，在其他方面也存在着明显不同，如适用范围、约束机制、推广力量等方面。也正是因为存在这些差异，道德才得以与法律相辅相成，共生互补，形成密不可分的关系。

要“充分发挥自治章程、村规民约、居民公约在城乡社区治理中的积极作用，弘扬公序良俗，促进法治、德治、自治有机融合”①。不过需要注意的是，“三治融合”并不是将这三者单纯地做加法，而应当充分认识到三者在新时代农村基层治理中所发挥的效用，为了使该效用最大化，既要看到三者的独立性，又要看到三者的相关性、整体性。要创新农村基层治理实践，就要在坚持自治的基础上，“德法兼济”，构建“三治融合”的农村基层治理体系。

“三治融合”对于推进国家治理体系现代化建设发挥着积极作用。农村基层治理是国家治理体系中不容忽视的组成部分，农村基层治理体系的现代化是推动国家治理体系现代化建设必不可少的一步。“三治融合”同时也是实施乡村振兴战略的有效保证。农村基层治理体系完善了，农村产业、人才、文化、生态和组织振兴就有了制度体系保障，有利于推进乡村振兴战略的实施。除此之外，“三治融合”农村基层治理体系的构建，可以助力实现村民当家作主、建设平安法治乡村以及构建和谐美丽农村，有利于满足村民们对美好生活的向往，加快全面建成小康社会步伐。

① 新华社：《中共中央 国务院关于加强和完善城乡社区治理的意见》，http：//www.xinhuanet.com//politics/2017-061121c_1121130511_2.htm，访问日期：2022年10月1日。

（二）形成基于民主协商的村民自治治理格局

村民自治是指农村村民以村为自治区域，在没有国家行政权力的直接干预下，由村民自己组织起来，对本村的公共事务和公益事业实行自我管理、自我教育、自我服务。1982 年我国修订颁布的《宪法》第一百一十一条规定，“村民委员会是基层群众自治性组织”。1994 年民政部下发的《全国农村村民自治示范活动指导纲要（试行）》指出，村民自治的核心内容是“四个民主”，即民主选举、民主决策、民主管理、民主监督。1998 年 11 月 4 日，第九届全国人民代表大会常务委员会第五次会议修订通过《中华人民共和国村民委员会组织法》，目的是为了保障农村村民实行自治，由村民群众依法办理自己的事情，发展农村基层民主，推进农村社会主义物质文明和精神文明建设。党的十九大提出了要实施乡村振兴战略，这将有助于农村基层治理工作的开展。乡村振兴战略的实施对乡村结构的变化具有积极的推动作用，为农村基层治理打下了坚实的基础。构建基于民主协商的村民自治治理格局需要从以下几方面开展工作：

第一，以协商民主为抓手，确保矛盾化解在基层。发挥基层干部身在一线的优势和作用，积极动员村委会干部与民协商、为民协商，促使涉及村民切身利益的矛盾纠纷得到及时、妥善解决。

第二，畅通与民协商渠道，发动群众广泛参与。中国农村改革之所以取得了举世瞩目的成就，最基本的历史经验是重视基层探索和尊重农民的首创精神。因此，要进一步提高政治站位，深化思想认识，深刻理解民主协商的重要意义。坚持从实际出发，通过建立协商平台、设立民情联络信息员等举措，充分发挥基层协商民主的重要渠道作用。不断健全和完善农村基层民主协商工作体系，通过成立村民协商议事会，开展协商民主活动，发动和引导广大村民有序参与乡村基层治理，助力破解乡村基层治理难题，形成乡村基层治理合力。

第三，丰富协商内容，注重过程民主。坚持把农村基层社会矛盾化解机制的建立和完善、村级组织的规范化建设、农村人居环境整治、乡村生态环境治理等纳入民主协商议题，在决策、管理和监督等环节广泛征求民众的意见和建议，吸纳群众智慧和力量，提高协商议政成效。

（三）健全基于发展需求的农村治理服务体系

近年来，我国在推进乡村治理体系和治理能力现代化方面成效显著，以党组织为核心的农村基层组织建设进一步加强，乡村治理内容逐步充实，乡村治理手段不断创新，乡村治理体系进一步完善，农村基本公共服务供给能力显著改善，农村社会保持和谐稳定，广大农民的获得感、幸福感、安全感不断增强。但是，当前我国乡村治理体系和治理能力现代化水平还不高，治理理念、治理方式、治理手段还存在着许多不完善的方面，并且存在诸多需要破解的乡村治理难题。随着社会的发展，民众受教育程度越来越高，思想观念在更新，陈旧的社会服务体系已经不能满足民众的需求。因此，必须在了解民众需求的基础之上，提升资源整合和利用效能，创新农村社会治理模式，健全农村社会治理服务体系。具体包括以下几方面：

第一，构建乡村基层组织体系。乡村基层党组织是乡村治理体系的核心和统帅。加强乡村治理，必须强化基层党组织的服务功能，突出基层党组织的服务主体地位。只有坚持党委的领导核心地位，建立起科学高效的乡村基层组织体系，乡村治理才会有坚强的领导力量。因此，必须根据新时代乡村社会发展的客观实际和乡村治理的需要，加强基层党组织建设，不断完善基层组织体系。

第二，健全教育文化服务体系。一方面，大力抓好农村教育事业。巩固农村义务教育普及成果，提高义务教育质量，完善义务教育免费政策和经费保障机制，保障困难家庭的儿童、留守儿童特别是女童平等就学、完成学业，促进城乡义务教育均衡发展。另一方面，繁荣发展农村文化。推进网络宽带村村通、文化信息资源共享、乡镇综合文化站和村文化室建设，落实农家书屋等重点文化惠民工程，建立稳定的农村文化投入保障机制，尽快形成完备的农村公共文化服务体系。

第三，健全乡村医疗卫生服务体系。一方面要通过加大投入，加强基础设施建设，加强乡村医疗卫生机构建设，形成方便快捷的乡村基层医疗卫生服务网络，缓解村民“看病难”问题；另一方面要加强乡村医疗卫生队伍建设，提高基层医疗卫生服务水平，改革乡村医疗卫生机构补偿机制和运行机制，把常见病治疗解决在基层，减轻村民就医负担，缓解“看病贵”的难题。

第四，健全农村社会保障体系。完善农村最低生活保障制度，加大中央和省级财政补助力度，做到应保尽保，不断提高保障标准和补助水平。全面落实农村五保供养政策，确保供养水平达到当地村民平均生活水平。完善农村受灾群众救助制度。落实好军烈属和伤残病退退伍军人等优抚政策。发展以扶老、助残、救孤、济困、赈灾为重点的社会福利和慈善事业。发展农村老龄服务。加强农村残疾预防和残疾人康复工作，促进农村残疾人服务事业发展。

第五，加强农村基础设施和环境建设。加快农村饮水安全工程建设，确保村民可以获取符合卫生标准的水源。加强农村公路建设，逐步形成城乡公交资源相互衔接、方便快捷的客运网络。推进农村能源建设，扩大电网供电人口覆盖率。实施农村清洁工程，加快改水、改厨、改厕、改圈，开展垃圾集中处理工作，不断改善农村卫生条件和人居环境。推进电信网、广播电视网、互联网"三网融合"，积极发挥信息化为农服务作用。发展农村邮政服务和快递服务。健全农村公共设施维护机制，并提高综合利用效能。

第六，加强农村防灾减灾能力建设。加强灾害性天气、地质灾害、地震监测预警，提高监测水平。加强专业力量建设，提高应急救援能力。宣传普及防灾减灾知识，提高村民灾害处置能力和避灾自救能力。

农村基层治理的总目标就是推进乡村治理体系和治理能力现代化。但是农村治理的现代化不是一个静态目标，而是基于农业农村农民现代化的动态调整过程。只有充分结合我国乡村社会的变化和发展需求，不断调整乡村治理的理念、规范和方式，才能不断提高乡村基层治理能力，真正实现乡村治理的现代化。

三、乡村振兴背景下农村社会治理实践面临的新要求

国家治理体系和治理能力现代化是新时期治国理政的新战略，是我国全面深化改革的总目标之一，对农村社会治理实践提出了新的要求。

首先，在治理思路和理念上要不断创新。现代社会，生产力水平不断提高，社会化程度不断提升，人际关系更趋复杂，个人发展的机会也不断增多。在农村社会治理实践中，要从社会管理向社会治理转变，从单一政府治理向多主体治理转变，从维护统治秩序的单向治理向共享共治转变。

其次，农村社会的治理方式要不断改革创新。在社会主义经济体制和政治体制改革深入推进的背景下，农村各领域的改革不断深化。农村社会治理方式改革的关键在于进一步实施简政放权政策，转变政府职能，协调好政府与社会、与人民群众的关系，培育好农村经济实体，盘活农村经济市场，传承农村优秀传统文化，树立现代生态文明意识，只有这样，才能调动农村居民参与治理的积极性，激发农村社会活力。

再次，要不断推进农村基层治理法治化。在依法治国的大背景下，法治化不仅是实现国家治理体系和治理能力现代化的核心要求，也是提升农村基层治理水平的关键。但是从现实情况来看，部分地区的一些干部在解决矛盾纠纷时，个别村民在面对矛盾冲突时，还缺乏法治观念和法律意识。因此，要改革农村基层治理方式，需从法治化方面着手。

最后，建立健全协同治理机制。建立健全协同治理机制是实现国家治理体系和治理能力现代化的具体实施路径。协同治理机制能够有效提升农村基层治

理能力和治理水平，促进农村社会治理体制机制的完善，进而实现国家治理体系和治理能力现代化。

四、乡村振兴背景下农村基层治理实践面临的重点任务

（一）推动农村经济转型，实现产业振兴

农村经济治理是农村基层治理的首要方面，也是基础方面。产业兴、百业兴。只有产业发展兴旺了，农村各项事业发展才有坚实的物质基础。推动农村经济转型，实现产业振兴，重点要做好以下几点：

第一，要面向国内外市场、围绕社会需求发展农村产业。针对农村一二三产业布局不协调、农村产业类型较为单一、农村产业规模不平衡等问题，必须根据市场和社会需求，结合当地资源优势，优化农业产业结构、产品结构，加快推进一二三产业融合发展，扩大有效供给，坚持和践行“绿水青山就是金山银山”的绿色发展理念，大力发展绿色、优质、特色农产品。

第二，创新农业产业发展的体制机制。针对生产主体弱化、农户土地分散、生产规模小、效益差等缺陷，应该积极探索农村土地“三权分置”的有效实现形式，引导农户通过土地经营权的流转，逐步形成规模化、集约化生产经营格局；培育种植大户、家庭农场、龙头企业、农民专业合作社等新型农业经营主体，提高农业的组织化程度，通过“种植大户＋农户”“公司＋农户”“公司＋合作社＋农户”等形式，把小农户引入现代农业发展轨道，帮助农民增收致富；构建涉农资金统筹整合的长效机制，综合运用担保、贴息、保费补贴等金融政策工具吸引民间资本，制定优惠政策支持各类金融机构加大涉农贷款投入力度，优先支持现代农业和新型乡村产业发展。

第三，强化农业科技创新的引领作用。针对农业生产中种植养殖技术落后、机械化程度与集约化程度较低、生产方式粗放、因大量使用化肥农药导致环境污染与土壤退化等问题，必须提升农业生产中的科技含量；加强农业人才队伍建设，培养一批“知农事、懂农业、爱农村”的农业科技人才，稳步推进“产学研用”一体化项目的实施，提高农业科技转化率，加快农业科研成果转化速度，充分发挥科技的引领作用；大力推广农业节水节能技术，完善高标准农田配套设施建设和水利基础设施建设，提高农民的农业防灾和抗灾能力；提高农业机械装备智能化水平，进一步降低农业生产成本，提高农业劳动生产率，增强农产品的市场竞争力和抵御市场风险的能力。

第四，培育新型职业农民，坚持农民主体地位。要充分尊重农民意愿，切实发挥农民在乡村产业振兴中的主体作用。一方面，要依托高等科研院校的人

才和技术资源，加强新型职业农民培训，让“土专家”“田秀才”、农产品职业经纪人等乡土人才尽快成长起来；另一方面，要贯彻落实好相关政策，特别是中央 1 号文件有关精神，引导和鼓励更多青年人返乡就业创业，给予他们项目、资金、税收等方面的政策扶持，吸引其扎根农村，成为推动乡村产业振兴的中坚力量。

（二）以自治为基础，实现村民当家作主

自治即村民自我管理与服务，是人民当家作主的重要表现，也是乡村社会治理的基本目标。在农村基层治理中，自治居于核心地位，法治和德治都是为了保障群众能够有效实现和巩固自治，因而在某种程度上可以说它们是实现自治的辅助性手段。

在农村基层治理中，治理主体是多元的，既包括乡村两级党委和基层政府，也包括村民和社会组织等。其中，乡村两级党委在农村基层治理中起领导作用，基层政府则负责指导农村基层治理中各项工作的具体开展，社会组织在其中主要起协调缓冲的作用，而广大村民才是农村基层治理的主体力量。因此，提升村民自治能力、保障村民当家作主的权利是农村基层自治的首要目标。

习近平新时代中国特色社会主义思想的重要内容之一，就是坚持人民当家作主，这与马克思主义的人民立场是一致的。在农村，则是要坚持村民当家作主，在制度上体现为坚持村民自治制度。村民自治制度是村民自治、发挥自主性的制度保障，确保了村民当家作主的合法性和正当性，有利于社会主义民主政治建设。因此，构建农村基层治理体系，必须完善村民自治制度，真正实现村民当家作主。

除了在制度层面加以完善，意识观念层面也需要加以调整。真正实现村民当家作主，就要提高村民政治参与的主动性，这与村民自身意识观念的转变是分不开的。意识是行动的先导，只有首先确立了正确的意识，才有可能科学地指导实践。村民当家作主，村民是最主要的主体，只有村民真正行动起来，才能行使自己合法的自治权，提升政治参与的主动性。然而时至今日，仍有相当数量的村民难以做到这一点，究其原因，还是村民受传统的“官民意识”影响过深，自身意识观念的转变没有跟上时代的步伐，没有或者没有充分认识到“村里的事村民说了算”，对自己与整个村之间部分与整体的关系认识不足，觉得“事不关己”，于是“高高挂起”，导致其参与村务管理的积极性不高，甚至有部分村民把政治参与当作其谋取私利的手段，导致基层民主受到严重破坏。村“两委”和乡村社会组织应该在乡镇政府的引导下，加大对广大村民的宣传

教育力度，积极引导他们转变观念，端正政治参与动机，并积极搭建农村基层治理新平台，让村民真正有机会参与到乡村建设中。除此之外，提升村民自治能力也是很重要的一环。村民自身参与村务管理的能力不足，即使有心参与，也难以发挥实际作用。因此，要加强村民自治能力建设，激发村民活力，真正实现村民当家作主，不断推进农村经济社会发展，提高村民生活水平，使农村“富起来”，并逐渐“强起来”。

（三）培育积极向上的乡村文化，建设文化乡村

注重乡村文化治理有利于繁荣乡村文化，改善村民素质和提高农村人口生活质量，对乡村振兴有重要的意义。新时期乡村文化治理主要以基层政府为主导，各方力量参与，坚持因地制宜，发掘乡土教育的优秀传统和特色，培育积极向上的乡村文化，有针对性地开展乡村文化治理，建设和完善乡村公共文化服务体系。主要从下面几个方面着手：

第一，构建多元有序的农村教育体系。教育是发展文化的根本，为文化发展提供不竭的动力。需要确立以提升人的素质为目标的农村教育理念，有针对性地对特定乡村群体进行教育及培育，利用现代化的教育手段，采取视频教学、田间地头现场教学等多样化的教育方式，将乡村文化教育融入义务教育和职业技术教育之中，增强村民的文化意识和主体意识。

第二，大力发展文化产业。产业的发展是积极推动乡村社会现代化转型的重要力量。要转变治理理念，以市场力量为主导发展文化产业，聚焦文化产业硬件工程建设、软件建设及文化产业人才培养。基层政府在提供公共服务的过程中，主要任务是对村民文化生活的地方性需求作出精准细致的分析，对文化产业发展进行科学规划，整合文化服务资源，增强文化产品的有效供给，对文化产业发展进行公正评估和公开监督等。

第三，建设和完善乡村公共文化服务体系。乡村文化治理中的公共文化服务体系建设是一项长期而又艰巨的任务，需要充分发挥基层政府的引领作用，建立健全现代文化市场体系、文化管理体制机制，创新群众参与性的文化组织及其动员机制，积极引导和激励社会组织和村民群众参与农村公共文化服务体系建设。还需要坚持以文化人，培育文明乡风、良好家风、淳朴民风，营造全村积极参与乡村治理的文化氛围。特别是需要打造彰显新乡愁的“软乡村”，形成留住乡愁的共同体。

（四）以法治为保障，建设平安法治乡村

法治在农村基层治理中是不可或缺的部分，是自治和德治的边界和保障。

在农村基层治理中，自治和德治必须受法治的规则体系制约，与之相适应，并以法治来保障自治、德治。党的十九大报告指出要继续"坚持全面依法治国"、实施"乡村振兴战略"、健全"三治融合"的乡村治理体系。由此可见，乡村已成为法治建设的重点区域，法治乡村建设迫在眉睫。增强乡村法治氛围，形成良好的法治乡村环境，是促进农业强、农村美、农民富的有效助力，也是顺利实施乡村振兴战略的重要保障。针对当前农村社会治安的突出问题，切实把平安乡村建设与实施乡村振兴战略结合起来，进一步健全农村社会治安防控体系、矛盾纠纷多元化解体系和乡村社会治理体系，有效预防和化解农村重大矛盾纠纷，确保农村社会稳定和谐，巩固党的执政基础。因此，要坚持以法治为保障，建设平安乡村。

在全面依法治国的新时代背景下，农村基层治理的法治化与农村基层治理体系和治理能力现代化息息相关，前者是保证后者实现的重要前提。《中共中央国务院关于实施乡村振兴战略的意见》指出，建设法治乡村是实施乡村振兴战略的有效保障。建设法治乡村的核心要求是在法治规则框架下运行农村基层治理体系，即在农村基层治理过程中不得有违法行为出现，不得与法治要求相悖。在法治建设方面，建设平安法治乡村是其最终目标。平安法治乡村建设必将为农村基层自治提供强有力的立法、执法、司法、守法保障，有利于进一步健全和完善农村基层治理体系，助力乡村振兴战略的顺利实施。

从认识论的主客体层面来看，平安法治乡村建设的主体是广大村民。村民们通过村民大会、村民代表大会等组织形式依法进行自我管理、自我教育和自我服务，在此过程中充分发挥自主性与创造性，行使主体权利。平安法治乡村建设的客体是村公共事务，广大村民依法对其进行正当合理的处理。村公共事务是客观存在的，因此平安法治乡村建设的重点应该放在主体层面，即广大村民才是平安法治乡村建设的重点。

"全面推进依法治国，基础在基层，工作重点在基层"①，乡村治理是国家治理的基石，没有乡村的有效治理，就没有乡村的全面振兴。随着农村经济社会的发展，农村法律体系化建设卓有成效，法治化进程有所加快。但是，农村法治化建设体系亟待完善，想要达成平安法治乡村建设目标依然任重而道远。其中一个关键性的制约因素，就是作为平安法治乡村建设主体的广大村民中还有相当一部分人的法律意识淡薄，缺乏必要的法律知识，利用法律维权意识薄弱，这为建设平安法治乡村造成了极大的障碍。因此，要充分重视村民法律素质的提高，加强农村法治文化建设。以法治为根本保证，夯实农村法治理念，

① 《中共中央关于全面推进依法治国若干重大问题的决定》，《人民日报》2014 年 10 月 29 日第 1 版。

建设平安法治乡村。

进入新时代，建设平安法治乡村，要加强法治文化建设，夯实建设主体法治意识与法治理念；要加强农村法律制度的建设，形成科学的法律体系；要加大力度引进法律专业人才，提升队伍建设力度；充分重视扫黑除恶等专项斗争，从根本上遏制农村涉黑涉恶问题。因此，要坚持在党的领导下，加强农村基层组织建设，提升农村基层治理法治化能力，健全防范和打击涉黑涉恶违法犯罪长效机制，增强村民安全感。

（五）以德治为依托，构建和谐美丽新农村

德治是农村基层治理体系中的重要组成部分，是自治和法治的传统基础依托。德治的历史源远流长，历久弥新。在农村基层治理中，德治是自治的“润滑剂”，发挥着道德的调节作用；同时也是自治的“戒律尺”，发挥着道德的规范作用。在自治过程中，实施德治有利于改善农村社会风气，促进农村和谐，防止农村生态破坏和环境污染，促进农村基层治理更好更快发展。德治又是法治的有效补充，法治相当于“他律”，而德治相当于“自律”，二者有机结合，刚柔并施、严宽相济，在农村基层治理中共同发挥作用。

德治在我国具有厚重的历史积淀。传统的德治思想即孔子主张的“为政以德”，即主张在治国方面，应充分发挥道德的感化和教育作用，以高尚的道德感化人、教育人，它不仅是治国理论，也是一种道德规范。它可以使人们的道德修养不断提高，并进一步促进中华民族凝聚力的增强。德治在我国农村基层治理中也有着悠久的历史。我国农村的一个显著特征是“人情社会”“熟人社会”，人情常常又与道德、习俗休戚相关，久而久之，我国农村形成了极富特色的乡土文化。

构建和谐美丽农村，要正确发挥德治的引领教化作用，形成良好文明和谐的民风、村风和家风。要以中华优秀传统文化为基础，继承和吸收优秀传统农耕文化和乡土文化的精髓，充分挖掘农村所具有的特殊性，形成独特的农村文化，通过营造和谐的社会氛围感染村民，使其形成道德自觉，进而促进文明和谐的民风、村风和家风的形成。然而，德治具有约束力不够的天然短板，它对村民起到的约束作用是通过道德规范和村规民约来实现的，缺乏强制性。因此，针对许多农村问题，德治的有效性难以发挥。这就对自治和法治提出了更高要求。因此，要完善村民自治制度，坚持依法治理，在德治作用发挥有限的区域引入自治与法治，同时要推进乡贤文化建设，充分调动新乡贤的主动性，积极发挥新乡贤的示范引领作用。另外，构建和谐美丽农村离不开农村生态文化建设。和谐农村不仅包括人与人之间的和谐，也包括人与自然的和谐相处；

美丽农村更是直接与农村生态文明建设密切相关。从历史角度看，农村地区发展普遍比较滞后，温饱问题曾是农民群众长期关心的首要问题；从现阶段出发，农村地区的经济虽然获得了一定的发展，村民的生活水平也有了比较显著的提高，然而与城市相比还存在差距。因此，经济发展在农民心中还是首要任务，相比之下他们对农村生态环境保护的重视程度就略逊一筹。因此，要加强农村生态文化培育与宣传力度，引导广大村民形成绿色思维、树立绿色理念，倡导绿色生产、绿色生活与绿色消费，保护农村生态环境，共同构建和谐美丽农村。

要以生态文明建设推动乡村改造，优化乡村治理环境。中国乡村改造运动由探求农业出路向研究农村问题转变，由单纯关注农业科学化向推进农村社会整体改造转变。在传统中国乡村，维持家庭生活稳定与兴旺是农民的利益取向，任何打破以小家庭为基本生产单元的社会关系的乡村改造都必然与农民形成对立关系。生态文明建设正是缓解人与自然对立关系的重要途径，也是当前乡村改造的突破口，应树立尊重自然、顺应自然、保护自然的生态文明理念，把生态文明建设融入经济、政治、文化、社会领域建设中。美丽乡村建设是中国推进生态文明建设的重点工程，也是实现城乡一体化发展战略的起点和改善农村人居环境的顶层设计。在政府动员和基层响应下，美丽乡村建设将得到持续化推进，为乡村治理提供良好的制度环境。

第八章 Chapter 8 我国农村基层治理实践创新路径选择

习近平总书记2020年在主持经济社会领域专家座谈会时强调，“要加强和创新基层社会治理，使每个社会细胞都健康活跃，将矛盾纠纷化解在基层，将和谐稳定创建在基层”，这一论断为新时代推进农村基层治理体系和治理能力现代化建设提供了基本遵循。在坚持党的领导下应充分发挥各种治理主体的能动性和协同作用，创新治理思维，优化治理机制，完善治理方式，实现乡村善治根本目标。

一、理清治理主体，明确角色定位

“我国是传统的农业大国，计划经济时期，我国采取政社合一的社会治理体制，该体制主要包括人民公社、单位制、街居制和户籍管理，在农村，农民通过生产合作社得以组织起来。”① 计划经济条件下，社会的一切事务皆由政府操办，政府职能囊括了与基层事务管理有关的一切责任与权力。党的十一届三中全会之后，为适应经济社会发展的现实需要，管理基层社会事务的理念与方式也在逐渐发生改变。党的十六届四中全会正式提出要“加强社会建设和管理，推进社会管理体制创新”，要变“计划管理”为“社会建设”和“社会管理”，社会管理主体也开始经历由单一向多元的转变过程。党的十七大提出要“健全党委领导、政府负责、社会协同、公众参与的社会管理格局”，在“十二五”规划中更是提出要“加强社会管理能力建设”“创新社会管理机制”，这些都对治理主体提出了要求。党的十八大以后，社会管理的组织网络基本形成，初步构建了“党委领导、政府负责、社会协调、公众参与、法治保障”的社会管理体制。而后，我们发现仅仅依靠政府无法解决错综复杂的社会问题，无法有效处理各种各样的矛盾冲突，“因而在实践过程中我们更强调的是政府与社

① 张来明：《中国社会治理体制历史沿革与发展期望》，《社会治理》2018年第9期。

会之间双向互动、多方参与、协商合作、社会自我调节、激发社会组织活力、以民为本的治理思路”[①]。党的十八届三中全会将“创新社会治理体制”作为“推进国家治理体系和治理能力现代化”的重要组成部分，提出了改进治理方式、激发社会组织活力、创新有效预防和化解社会矛盾体制、健全公共安全体系的重点改革任务。党的十九大再次强调要加强社会治理，坚持完善“党委领导、政府负责、社会协同、公众参与、法治保障”的社会治理体制，构建“共建共治共享”的社会治理格局。我国治理主体和治理方式的不断理清和细化顺应了社会发展的需要，各治理主体尤其是农村基层组织应当明确自己的角色定位，推动社会治理重心向基层下移。坚持以发挥党的领导核心作用为根本、以政府的社会管理和公共服务职能为先导、以村民自治为基础，让社会组织和市场机制发挥作用，实现政府治理和社会调节良性互动，构建农村基层社会治理共同体。

（一）加强乡村两级党组织建设，充分发挥党组织领导作用

党的十九大报告提出：“坚持党对一切工作的领导。党政军民学，东西南北中，党是领导一切的。”[②] 2018 年中共中央颁布的《中国共产党农村基层组织工作条例》第六章第十九条规定：“党的农村基层组织应当加强对各类组织的统一领导，打造充满活力、和谐有序的善治乡村，形成共建共治共享的乡村治理格局。”[③]

明确党在乡村社会治理中的领导功能，首先要确立基层党组织在基层社会治理中的核心主导地位。习近平总书记指出，“欲筑室者，先治其基”[④]。基层党组织就好比是党执政大厦的地基，只有地基固，大厦才能坚，否则大厦就容易倾倒。基层党组织作为与群众密切接触的基层组织，是党进行全部工作和保持战斗力的基础，是提升党的执政能力的关键，也是完善党的组织体系的基本保证。对于乡村基层社会治理工作而言，要让党员自觉做到思想上认同组织、政治上依靠组织、工作上服从组织、感情上需要组织，激发起党员活力和创造力。因此，在推进农村基层治理的过程中，乡村两级党组织加强自身建设尤为关键。

1. 突出政治功能，提升基层党组织的组织力

所谓组织力，是指党组织为完成其承担的职责任务、实现党组织的工作目

---

① 李强：《怎样理解“创新社会治理体制”》，《毛泽东邓小平理论研究》2014 年第 7 期。
② 傅可：《新时期加强农村基层党组织建设的思考》，《党的建设》2018 年第 10 期。
③ 本书编写组：《中国共产党农村基层组织工作条例》，人民出版社，2019，第 16 页。
④ 朱康有：《欲筑室者 先治其基》，《光明日报》2019 年 11 月 28 日。

标而组织、凝聚、动员、影响社会相关各方力量的能力。新时代党组织的组织力，应突出体现在政治功能的发挥上。政治性是政党的基本属性，政治功能是政党的基本功能。作为基层党组织，讲政治是第一位的。第一，要抓好思想上的政治武装，不断坚定马克思主义信仰，牢固树立共产主义和中国特色社会主义理想信念，牢固树立以人民为中心的发展思想。只有不断提高思想觉悟，补足精神之钙，乡村两级党组织才能在乡村社会治理中发挥思想引领作用。第二，要有行动上的政治担当，不断提升对党的政治路线和政治纪律、政治规矩等准确理解和实践执行的能力，做到为党分忧、为党尽责，不断夯实党执政的政治基础和组织保障。第三，要坚定目标上的政治导向，坚持党全心全意为人民服务的宗旨，坚持协调推进基层治理各主体发挥作用，让党的组织和党的工作有效覆盖乡村社会各领域，多为民造福谋利，切实加强对相关领域基层治理的政治领导。

2. 明确职责任务，发挥基层党组织执行力

基层党组织是党在基层的战斗堡垒，同时担负着一定的社会职能或负责具体事务性工作。党组织既要加强自身建设，又要完成所担负的各项发展任务，执行能力就显得十分关键。第一，要切实担负起教育、管理、监督党员和组织、宣传、凝聚、服务群众等职责，让基层党组织成为基层党员的“管理者”、基层群众的“贴心人”。第二，要认真宣传和贯彻落实党的理论和路线、方针、政策，宣传和执行党中央、上级党组织及本级党组织的决议，努力完成本地区本部门本单位所承担的任务，成为基层经济发展的“领路人”、社会稳定的“主心骨”。两方面工作相互依存、相互促进、不可偏废。只有做好“管理者”“贴心人”，充分发挥党员先锋模范作用，团结组织群众，才能促进发展、维护稳定；只有当好“领路人”“主心骨”，才能更好树立党组织权威。

3. 规范完善体制机制，增强基层党组织凝聚力

所谓组织，是指由诸多要素按照一定方式相互联系起来的系统。一个健康的组织有如健康的人体，应是生存目标明确、组织要素健全、结构优化、功能完善、协作顺畅、循环有序的有机体。党组织要真正发挥作用，就需要做到以下几点。第一，要把党的组织架构嵌入农村基层治理逻辑体系，要确保党员之间、党群之间有加强联系、相互协作的内在需求，为增强党组织凝聚力打下基础；要紧紧围绕党组织功能发挥这一关键点，在因地制宜、结合实际的基础上科学合理地设置党组织。第二，要完善农村治理制度体系建设，理顺各种治理工作机制，理清管理权责边界。乡村两级党组织要健全完善乡村治理制度，构建以党章为根本、党内法规为支撑的党内法规制度体系，包括组织领导、议事决策、日常运行制度机制等，确保治理工作有序有效进行；充分发挥基层党组织作用，对各类会议召开的频次、目标、程序等作出明确规定，使党组织日常工作运行有基本遵循；同时要坚持制度面前人人平等，狠抓制度落实，确保形成人人遵守制度、捍卫制度的良好风气，真正使制度成为硬约束。

4. 创新工作方式，保持基层党组织生命力

习近平总书记指出："提高党的建设质量，既要坚持和发扬我们党加强自身建设形成的优良传统和成功经验，又要根据党的建设面临的新情况新问题大力推进改革创新，用新的思路、举措、办法解决新的矛盾和问题。"① 党的组织形式和工作方法都是与时俱进的，乡村两级党组织要善于把党的优良传统和新技术新手段结合起来，要不断探索乡村治理新模式，力求做到"自治、法治、德治"三者的和谐统一。农民群众的事就是村干部们最该关心的事，乡村两级党委要始终将保障农民利益视作自己工作的重点，努力提高农村民生保障水平，努力为农民群众谋福利。要不断完善乡级领导干部联系群众制度，通过走访、调查等形式了解群众诉求，为创新农村基层治理提供源头活水，还要不断加强农村基层互联网建设，通过科技手段创新农村基层社会治理方式，使上级党组织与人民之间的联系和沟通更为方便和快捷。

5. 抓住关键少数，激发基层党组织引领力

高素质、专业化的干部队伍是党和国家发展的中坚力量，基层党员干部的素质和工作能力是关乎基层党组织治理能力的关键因素。党的干部在党的组织体系中充当关键角色，发挥重要作用。在基层党组织建设中，党委会成员是十分重要的"关键少数"，特别是作为第一责任人的党委书记或支部书记具有引领作用，必须抓好这些"关键少数"。乡村两级党组织要把立政德摆在干部队伍建设的重要位置，着力培养忠诚于党、有担当的高素质基层干部，既要优化党员队伍结构和质量、加强对村干部的教育培训，又要坚持并健全德才兼备、以德为先、任人唯贤的农村基层干部选拔标准，为基层治理提供坚实的组织保证。

6. 履行主体责任，强化基层党组织保障力

各级党委（党组）要切实履行主体责任，加强党组织自身建设，定期研究讨论党组织建设问题。上级党委组织部门要常态化地对基层党组织建设情况进行分析研判，加强分类指导与督促检查，推进基层党组织的标准化、规范化建设。要为基层党组织开展日常工作提供必要条件，提供场所、设备和经费等方面的保障，为党组织加强自身建设、组织开展活动、创新工作方式等提供物质基础。

---

① 习近平：《在全国组织工作会议上的讲话》，人民出版社，2018，第16页。

不仅如此，乡村两级党组织还应自觉建立“村务监督委员会”，保障村民对党委工作进行有效监督，促进村务民主协商。总之，党要领导基层农村，基层党组织在农村基层治理过程中必须充分发挥统筹全局、协调各方的领导核心作用。

（二）加快服务型政府建设，发挥基层政府的主导作用

1. 转变治理理念，提升治理认识

第一，加快建设基层服务型政府，就得树立为人民服务的信念，一切以人民的需求为工作的出发点。基层领导班子要突出整治在实际工作中联系群众不够、服务意识不强等问题，引导基层干部深入学习习近平总书记系列讲话重要精神，树立为人民服务的工作信念，转变以往“官本位”“权本位”的旧思想，建立健全基层干部密切联系群众制度，将基层干部联系群众的情况作为工作考核指标之一。让基层干部能够真正地深入基层第一线，为人民群众谋福利。

第二，树立行政法治理念，坚持依法行政，不断提高治理质量。行政法治化即在法律范围内约束乡镇政府机关的职能和权力，强调运用法治思维，促进行政管理的规范化、制度化、专业化建设，做到有法必依、违法必究，努力提升政府在人民心中的威信，从而不断完善乡镇服务型政府建设。

第三，不断培育农民参与治理的主体意识。农民是农村治理的参与者和推动者，服务型政府的构建离不开农民的主动参与和建言献策。乡镇基层政府要着力培育农民参与意识，让农民明确自己的权利，让农民愿意表达自己的观点，不断提升农民参与社会治理的热情和积极性，以此发挥基层政府的服务功能。

2. 明确职能定位，细化分工

打造基层服务型政府，要严格规范县级各职能部门的行为，扭转政府的形式主义作风，对基层政府职能和权责进行精准定位、细化分工，避免在工作中出现越位、缺位、错位等问题。必要时，上级政府应给予适当的人力、物力、财力支持。同时，还应该创新基层政府职能。伴随着社会的不断发展，政府原有的一些职能已不再适应管理的需求，社会迫切地需要政府重新定位角色、转变职能。党的十八大以来，我国政府切实推进简政放权、精简部门机构，实现政企分开、政社分开，将政府职能定位到经济调节、市场监管、社会管理和公共服务上来，实现政府职能“精准化”和“有限化”。

3. 完善基层政府机制化建设

第一，创新基层政府管理监督机制。俗话说“没有规矩不成方圆”，对基层政府的工作同样需要建立一定的规范和约束。基层政府需要明确自己的责任

和义务，建立行之有效的奖惩制度，把权力装进制度的笼子里，实现“有人管事，有人管权”；同时通过这种激励与约束机制，提高基层政府工作人员的工作积极性和主动性，树立“权为民所用、情为民所系、利为民所谋”的为民服务宗旨意识。

第二，推动基层治理中民主机制建设。基层政府必须深入民众，了解基层民众需求，解决民众生活中的实际问题。基层民主机制的落实，为基层村民表达自己的意见搭建了平台，有助于改变现实中干群交流不畅的问题，有利于提高村民的民主参与意识。

第三，不断完善基层干部队伍任用机制。基层干部选举必须公开透明，干部的品德必须要经得起社会和人民的检验，基层干部要德才兼备并且以为人民谋福祉为己任。

（三）增强农民参与意识，发挥农民主体作用

党的十九大报告明确提出“产业兴旺、生态宜居、乡风文明、治理有效、生活富裕”的乡村振兴战略 20 字方针，农民既是乡村振兴战略的受益者同时又是践行者。传统中国农村采取“乡绅治村”，由在当地具有影响力的大家族中明事理、有决断力的族长，或者在村里拥有一定财富并具有一定声望的士绅来治理村子。而在当今社会，农民已成为农村真正的主人。农民在乡村振兴中的主体地位直接决定了农民权利够不够、参与乡村振兴的能力强不强，这都直接影响着乡村振兴战略的实施成效。因此，完善乡村自治机制，制定村规民约或村民自治章程，发挥农民主体作用，建立村民会议或村民代表会议制度，引导村民参与乡村治理，可以有效推进乡村振兴背景下农村基层社会治理创新。

1. 尊重农民主体地位，培育农民主体意识

2018 年中央 1 号文件《关于实施乡村振兴战略的意见》（以下简称为《意见》）提出了“坚持农民主体地位”的基本原则，要求“充分尊重农民意愿，切实发挥农民在乡村振兴中的主体作用”[①]。《意见》还提出了健全自治、法治、德治相结合的乡村治理体系，为创新乡村社会治理模式、重构乡村社会新秩序提供了基本遵循。提升农民的自主性和创造性，是真正落实“三治融合”治理体系的前提。在自治层面，各级党组织和政府相关部门应不断促进农民与时俱进掌握新思想，保证农民在乡村治理过程中能够彰显自己的意志、保障自己的权利、拓宽自己的参与渠道；在法治层面，应针对现阶段农民法治意识淡薄等问题，深入普及法律知识、培育法治精神，使农民养成法治思维并善于通

① 本书编写组：《中共中央国务院关于实施乡村振兴战略的意见》，人民出版社，2018，第 7 页。

过法律途径解决生活中的问题；在德治层面，应当正面引导农民将传统乡贤文化进行创造性的转化和发展，鼓励农民运用道德自觉规范日常行为，将公序良俗发展成为自己的内在需求。

2. 深化可持续教育，培育新型职业农民

2017年1月9日，农业部明确提出“加快构建一支有文化、懂技术、善经营、会管理的新型职业农民队伍”。[①] 新型职业农民代表农村的先进生产力，直接关系着我国现代化农业发展质量，是家庭经营的基石、合作组织的骨干、社会化服务组织的中坚力量，也是农村基层社会治理主体的重要组成部分。当前，部分农村仍存在公共秩序混乱、公共设施常遭破坏、社区风气不良、人际关系紧张、家庭美德缺乏等现象，部分村民在观念、素质、综合能力等方面与乡村社会治理现代化的要求差距还较大。因此需要从以下几个方面改进。

第一，着眼于教育，从根本上提升农民综合素质，改变农村风貌。基层政府可依托现有乡村学校，兴办新式学堂、书院，启动实施新型职业农民培育工程，带头为农民建立知识技能培育机构。

第二，各级政府要以新型职业农民培育体系建设为抓手，探索构建新型职业农民培育制度。要让农民从心底热爱农业，从心底认同农民身份，对农村充满感激和希望，对乡村振兴和社会治理具有强烈的参与感、责任感；要培养农民掌握一定的生产技术知识和技能，懂得根据自然和社会环境变化以及市场规律合理安排生产；要培养农民了解一定的经营管理常识和市场运行原理，这样能有助于农民前瞻性把握市场机会及合理预判市场风险。

第三，政府还应继续加大对农村基础教育的投入，着力保障农村未成年人受教育的权利。当前农村经济社会迅速发展，各类新问题、新矛盾层出不穷，这需要在新思维、新观念下通过新手段进行化解，而青年人的适应能力和学习能力强，理所当然是基层治理现代化的希望。只有青少年具有较高的文化素养，乡村的发展才能充满活力，乡村社会治理的主体性才能真正发挥，乡村振兴才有可能实现。

3. 健全农民权利制度保障体系

第一，要破除城乡二元的经济体制，以完善产权制度和要素市场化配置为核心，清除阻碍要素下乡的各种障碍，促进乡村融入全国大市场，推动城乡产权权能平等化、要素交换顺畅化、公共资源均等化、产业发展融合化、居民收

① 中华人民共和国农业部关于印发《“十三五”全国新型职业农民培育发展规划》的通知，2017年1月9日。

入均衡化。第二，要巩固和完善农村基本经营制度，稳步推进农村土地“三权”分置和承包经营权“长久不变”，始终坚持集体所有权，稳定农户承包权，持续有效增加农民财产性收入，创造良好条件让广大农民平等参与现代化进程，共同分享改革与治理成果。注重盘活土地经营权，允许以土地经营权向金融机构抵押融资，充分发挥市场在农村土地资源配置中的决定性作用，引导土地经营权规范有序流转，发展多种形式的农业适度规模经营，提高农业质量效益和竞争力。同时，政府还应建立公共财政分担机制，加大财政资金对农村公共服务的投入力度，落实农村各项社会保障制度和救济制度，为农民在乡村社会治理中发挥主体作用提供坚实的物质保障。

4. 加强乡村文化建设

乡村基层社会治理既需要“硬件”支撑，也需要“软件”浸润，乡村文化建设是推进乡村振兴战略的重要力量，也是乡村社会治理应有之义。必须大力发展农村先进文化，用新文化冲击旧观念，加强农民业余文化队伍建设，充分发挥正面典型的示范作用，重塑农民作为重要的社会治理主体的形象。包括以下几方面：

第一，加强乡村文化阵地建设。本着因地制宜、讲求实效原则，增加农村文化建设投入，在群众居住密集的地区加强文化基础设施建设，如在农村修建图书馆、文艺活动馆等综合性文化交流中心，为农民学习各种文化提供交流平台。

第二，拓宽农民接受文化教育的渠道。可以通过电视、网络、专家现场讲座等形式向农民传授丰富多元的文化知识，注重融入实用的科技、法律、管理知识，让农民掌握更多致富本领。

第三，注意传承和保护优秀传统文化。通过对优秀传统文化的深入发掘，让具有特色的优秀乡土文化和风俗得到传承和发扬，成为农民宝贵的精神财富。

（四）完善社会组织建设，激发社会协调作用

党的十六届六中全会首次提出“社会组织”，并在党的十七大报告中进一步明确需要大力发展社会组织。党的十九届四中全会提出要完善党委领导、政府负责、民主协商、社会协同、公众参与、法治保障、科技支撑的社会治理体系。

放眼农村，社会组织参与农村社会治理是一项关乎全局性、系统性的工作，要不断引导社会组织加强自身综合能力建设，积极配合当地党委、政府的领导与指挥，增强服务意识，在当地的社会治理中发挥积极作用。

1. 建立社会组织参与社会治理的合作机制

提升社会组织参与社会治理的功效，有赖于加深社会组织与党委政府、其他社会团体之间的合作。各级党委政府应不断解放思想，突破以往的陈旧观念，树立起多方合作、多级联动的合作新理念，给予合法的社会组织更多的尊重、信任和支持。具体举措包括：

第一，政府应不断完善信息发布平台，将收集到的信息及时、准确地发布出去，使社会组织能够在第一时间了解政府的方针政策，把握与政府协调合作的机会。不仅如此，政府部门还可以借助新媒体产品，构建诸如政务微博、政务微信等更便捷的电子政务服务，推进政府工作高效化、透明化、公开化。

第二，政府相较于社会组织更易于获取社会中的信息，政府首先需要把握社会缺什么、需要什么，社会组织缺什么、需要什么等相关信息，然后在公共事务管理和公共物品供给等方面才能够为社会组织提供更准确、更有效的服务，以此提高社会组织的工作效率。

第三，在处理与政府的关系时，要进一步推进“政社分开”，深化社会组织管理体制改革，加快行业协会商会与行政机关脱钩。要逐步改革以往政社合一、重行政管制的管理方式，给予社会组织更多的独立性和自主性。

2. 建立社会组织参与社会治理的支持机制

第一，社会组织参与社会治理，需要从制度上加强政府对社会组织的支持。有关政府部门在社会组织建立的审核上要适度放权，应简化社会组织双重登记程序，从制度层面上降低社会组织的注册门槛，采用更为便捷的直接登记制度。让更多有志投身于社会组织建设的人士从繁琐的程序中解放出来，从而吸引更多的社会力量参与到社会组织的建设、发展中来，进而让更多的社会组织参与到社会治理中去。

第二，政府还应对社会组织的发展提供资金支持和人才支持。首先，政府可以从多渠道给予社会组织资金支持。政府可以直接拨款给社会组织；可以制定扶持政策，鼓励农村信用合作社等金融机构向家庭农场、农业合作社等小微经济组织提供贷款优惠或发展基金；也可以通过税收减免或者物资捐赠等方式支持社会组织的发展。其次，在社会组织人才队伍建设的层面，可以通过培养专职人才等方式提高社会组织工作人员的素质和能力，政府还可以将社会组织人才培养纳入各政府的年度发展规划，让社会组织在选择人才、培育人才等方面拥有更多的畅通渠道。最后，政府还应督促社会组织做好其工作人员的档案管理工作、社会保障工作，免除社会组织工作人员的后顾之忧。

第三，健全相关法律法规是对社会组织参与社会治理最切实的保障。首先，政府应出台更细化的规范社会组织运行的相关法律法规，进一步明确社会组织的类型、性质、享有的权利和应该履行的义务等内容，进一步明确社会组织的政治地位和社会地位。其次，政府还应从法律角度健全社会组织的管理制度，改变以往科层制的管理方式，采用更加扁平化的组织管理体系。最后，政府还要加大对社会组织相关法律法规的宣传力度，普及相关知识，提升人们的认识，不断增强社会组织的合法性和规范性。

3. 建立社会组织参与社会治理的信任机制

社会组织的工作情况只有充分地被政府和社会了解，社会组织工作的开展才能得到有效的支持和保障。因此，为提升公信度社会组织要努力打造规范透明、高效有序的工作方式和工作机制。第一，政府要积极鼓励社会组织自愿公开工作信息，建立信息公开奖惩机制，加大对社会组织公开信息积极意义的宣传力度，促进社会组织自觉公开信息。第二，明确规范社会组织须强制公开的信息，明确公开的时间、公开的方式、公开的内容质量等，若有刻意隐瞒行为，社会组织将受到相应惩罚。第三，政府还应在社会组织工作中配齐所有辅助其公开信息的平台，优化信息公开渠道。

除了实行信息公开建设之外，提升自身素质也是社会组织获取社会信任的必要途径。第一，社会组织参与社会治理的能力必须要提高。结合人民日益增长的物质文明和精神文明需求，社会组织必须要能顺应时代，尽可能多地提供公众需要的公共产品，还要尽可能多地密切联系社会、市场，不断提升自己的专业水准，打造专业化服务队伍。第二，社会组织的自我约束能力必须要提高。简单来说，社会组织的自我约束力可以理解为社会组织要学会自律，要自觉遵守社会公序良俗。第三，社会组织对公众诉求的响应能力必须要提高。社会组织是对市场与政府作用发挥失灵时的有效补充，社会组织是连接党和政府与广大群众的桥梁纽带，是社会力量中最活跃的部分，社会组织要发挥在群众利益诉求和利益维护方面的积极作用，特别是要注重协调解决群众面临的各种矛盾，逐步增强民众对社会组织工作的认同度。第四，社会组织的创新发展能力必须要提高。世界是永恒发展的，我国的改革也是在不断的社会重构中进行的，因此，在这样的社会背景之下，社会组织必须不断开拓创新以适应社会的新发展。

4. 建立社会组织参与社会治理的监管机制

对社会组织进行监管既有助于规范社会组织的日常工作又有利于提升社会组织的公信力。对社会组织的监管主要可以分为内部监管和外部监管两个层面。在内部监管的层面上，政府可以从法律角度对社会组织的权利与义务进行明确的规定，社会组织的权利主要包括民主决策权、政治参与权、财产独立权、活动自主权、救济诉讼权等方面，社会组织的义务主要包括坚持党中央的领导，保证政治方向、积极引领群众、推动社会发展、加强自身建设等，通过立法的形式来确保社会组织的权利与义务相统一。具体来说，要按照“十二五”规划提出的“建立健全统一登记、各司其职、协调配合、分级负责、依法监管”的要求，推动我国社会监管体制创新。[①] 在外部监管的层面上，要统筹相关登记管理机关、业务主管机关，各部门相互配合、协调一致对社会组织进行监管，建立多方配合、共同管理、灵活高效的监管体系。逐步完善外部监督和评价体制机制，善于引入第三方评估机构开展评估，“它们是介于非政府组织和其他社会组织之间的媒介，他们更了解社会具体的发展情况，因而对社会组织的工作评价也更准确和客观。”[②] 总之，只有建立健全社会组织监管法律法规，才能推动社会组织实现监管有效、工作高效。

“我国人民日益增长的美好生活需要和不平衡不充分的发展之间的矛盾在乡村最为突出，我国仍处于并将长期处于社会主义初级阶段的特征很大程度上表现在乡村。”[③] 乡村兴则国家兴，在全面建设社会主义现代化国家的新征程上，必须要统筹党委、政府、社会、公众等多方力量，在推进乡村振兴战略实施过程中逐步实现乡村治理体系和治理能力现代化。

二、创新治理思维，优化治理机制

“加强农村基础工作，要健全自治、法治、德治相结合的乡村治理体系”[④]是党的十九大报告提出的要求。当前，乡村振兴需要科学有序、健康良好的长效机制，通过建立法治化机制、农村基层民主机制、农村基层互动治理机制和绩效科学化评估机制等，形成系统化的运行体系，为农村主体提供参与基层事务的机会，协调好农村基层不同利益主体间关系，创新治理思维，优化治理方式。

（一）完善法治化长效机制

党的十九届四中全会提出健全党组织领导的城乡基层治理体系。长期的农村基层治理实践表明，农村基层治理法治化的实现离不开长效机制的建设。

---

① 杜英、杨静慧：《群体性事件的特点、成因及治理对策》，《陕西行政学报》2010年第3期。

② 周学荣：《社会组织参与社会治理的理论思考与提升治理能力的路径研究》，《湖北大学学报》2018年第12期（哲学社会科学版）。

③ 本书编写组：《国家乡村振兴战略规划（2018—2022年）》，商务印书馆，2018，第3页。

④ 《中共中央关于坚持和完善中国特色社会主义制度推进国家治理体系和治理能力现代化若干重大问题的决定》，《人民日报》2019年11月6日第1版。

1. 以理念更新推动农村基层治理法治化机制不断完善

法律只有被信仰才能有力量。农村基层治理法治化长效机制构建与运行的基础在于法治建设理念，因此，“在完善创新农村基层社会治理机制时，务必要好好分析治理机制对法治化机制运行的理念要求，科学构架法治理念，推动这项工作可持续发展。”①

第一，坚持法治、共治和善治理念。将法治、共治与善治作为乡村治理现代化的重要理念与价值取向，将法治理念贯穿于农村基层治理机制的各个环节，推动农村社会治理的法治化运行。在坚守法治理念的基础上，突出共治，在农村基层政府、基层党组织等正式力量主导的前提下积极发挥乡贤精英、民间团体、返乡人员的作用，推动农村社会治理的多元协同。此外，坚持善治的理念，将善治理念融入农村基层治理的全过程，提升农村社会治理的人性化、道德化水平。

第二，坚持以科学化、系统化理念推动农村基层治理全面发展。在新时代背景下，科学化与系统化是我国推进国家治理现代化的重要理念，是我国推进乡村治理有效性务必要坚持的科学理念。要切实遵循农村社会发展规律、基层政治建设与治理的规律，将农村基层治理法治化机制纳入科学化发展的轨道，推动农村基层治理法治化机制的要素、体系协调发展。

第三，坚持以创新理念推动农村基层治理发展。创新是当代中国国家治理现代化发展的基本理念。开展农村基层治理工作要把握好基本国情和农村社会最新的发展和变化，切实将农村基层治理法治化机制纳入创新发展的轨道，并借助法治理念助推基层治理创新。

2. 制定关于农村基层治理的专门法律

农村基层治理法律法规体系的构建需要以硬法为主，兼顾软法。硬法指那些能够依靠国家强制力保证实施的法律规范，具有更强的约束力，并且硬法的法律效力和权威性更强；软法是指那些不能运用国家强制力保证实施的法律规范，比如国家的一些指导性文件，社会主义核心价值观等，其优势在于其更富有弹性和包容性。在农村基层治理的特定环节制定若干硬法规范，完善相关软法制度，有利于推动基层治理规范化。具体包括：

第一，制定专门的法律。当前，农村基层治理的专门性法律缺失，应制定专门法律来规范农村基层治理的参与主体、内容、责任、方式，以及农村基层治理的基本原则等。针对农村治理可以制定专门的《农村基层治理法》，明确

① 司雪侠：《依法治国视角下基层社会矛盾化解法治化机制的完善》，《理论探讨》2016 年第 4 期。

农村基层治理体系和建设过程中的法律角色定位，通过专门法律使农村治理逐步向法治化转变，把涉及农村治理主体的行动办法或实行的有效章程等上升为专门法律，以确保乡村治理的有效性，最终达到法治化目的。

第二，推进党内法规制度优势转化为基层治理效能。构建农村基层治理法治化的长效机制不仅应建立具有强制性的法律体系，还应制定党内法规，以推动党内相关政策、实施意见、规章制度常态化，使农村基层社会治理具有更充分、更普遍、更成熟的制度保障。

3. 完善相关法律法规运行机制

构建完善的法律法规体系是法治化建设的关键，把法律法规落实到农村社会的各领域和治理全过程，对于提升农村治理主体法治水平，规范基层治理模式有着重要的意义。

第一，农村基层政府应当恪守行政合法性原则，避免发生有法不依的情形。认真执行法律法规，提升自身依法行政、依法执政的水平，努力建设法治型政府。

第二，完善应急体制机制。积极推动基层政府信息公开，建构基层政府与农民之间的良性互动，提高应对农村突发事件的处置能力，保障农民参与决策、监督政府的权利。

第三，要深化司法体制改革。要树立司法理念，切实提高司法公信力，引导农村治理主体通过现行的法律制度和程序化规章进行乡村治理，深入推进公正廉洁司法，依循法定程序和规范解决治理问题，并注重情、法、理的有机融合，最大程度维护好农民的正当权益。

4. 完善农村基层治理法治保障

应立足于当前和未来农村基层治理的实践，切实遵循乡村振兴战略的基本要求，加大力度对农村基层法治化治理进行全方位考核与督导。

第一，健全农村基层治理考核指标。针对农村基层法治化治理遇到的各种问题、困难，健全考核指标体系，力求将对基层治理问题的解决路径评估纳入考核视域之中，调整农村基层治理的考核机制，实现考核的动态化、精准化管理。

第二，健全农村基层治理监督体系。强有力的监督体系能有效驱动农村基层治理机制顺畅运行。通过网络监督与大众监督等手段，构建舆论监督、民主监督、社会监督体系。

第三，建立严格的违法惩戒机制。乡镇党员干部和其他任何工作人员都要严格遵守国家法律法规。是否具有违法惩戒机制关乎农村基层治理法治化的效果，就乡镇政府而言，针对政府日常行政中违法行政的现象，乡镇纪检人员和村务监督委员会要加大督查力度，加强对农村基层干部的管理监督，坚决纠正损害群众利益的行为，严厉整治群众身边的腐败问题。要通过严格的惩戒机制来增强乡镇政府公职人员依法行政的意识，提升乡镇政府公职人员和农村干部遵纪守法的自觉性。

（二）深化农村基层民主机制

“现代治理呈现治理权威民主化、治理主体多元化、治理结构扁平化、治理过程制度化、治理结果公益化等基本要求和发展趋势。”① 深化农村基层民主机制是民主组织建设的重要内容，在乡村振兴背景下，想要顺利地解决“三农”问题，就必然需要深化农村基层民主机制，加强党对农村基层民主建设的领导，改善民主运行环境，健全农村基层民主制度，发挥农民主体作用。

1. 加强党对农村基层民主建设的领导

毛泽东曾说过：“路线决定以后，干部就是决定因素。”② 进一步深化基层民主机制就要建立健全党组织对乡村治理的全面领导，解决当前党领导农村基层民主建设中的问题。农村基层民主机制建设与党的领导是密切联系、不可分割的。我们党是具有高度思想自觉和行动自觉的政党，“这份自觉，表现在中国共产党强大的自省意识和自我解决问题的能力上。”③ 农村基层党组织要自觉转变社会管理观念，不断充实和更新治理理念，“要不断适应新时代发展要求，牢固树立‘以人为本、服务为先、法治为上、民主为要、基层为重’的治理理念。”④ 将治理理念运用到基层党组织治理的实践中。农村基层党组织特别是党支部书记要在农村基层民主的建设和发展过程中担起责任，牢牢把握农村基层民主前进的方向。“要加强对广大农民尤其是农村党员干部进行系统的马克思主义民主观教育，引导他们正确认识和把握社会主义民主及党内民主的科学内涵、根本要求、实现条件，以及准确把握党中央关于农村基层民主建设的战略思想和大政方针。”⑤ 要以群众的利益为出发点和落脚点，听取村民的意见和建议，树立科学的马克思主义民主观，充分认识党员主体地位和人民群众的主人翁地位。

---

① 严俊：《民主集中制的共和型民主模式与党内治理现代化》，《社会主义研究》2014 年第 5 期。

② 毛泽东：《毛泽东选集：第一卷》，人民出版社，1991，第 31 页。

③ 江泽民：《高举邓小平理论伟大旗帜把建设有中国特色社会主义事业全面推向二十一世纪：在中国共产党第十五次全国代表大会上的报告（1997 年 9 月 12 日）》，人民出版社，1997，第 26 页。

④ 高松、刘瑞宁：《新时代背景下基层党组织治理现代化研究》，《云南民族大学学报》2019 年第 2 期（哲学社会科学版）。

⑤ 范俊彦、吴敏：《加强党对农村基层民主建设领导的重要途径》，《理论探索》2012 年第 6 期。

加强农村基层民主建设理论的宣传教育，突出宣传教育的针对性。要以问题为导向，有针对性地对党员干部和群众开展释疑解惑的宣传教育工作。要注重对农村基层民主建设过程的分析研判，畅通宣传教育渠道、优化宣传教育内容。可以组织专业力量编写农村民主建设通俗读本，全面提高农村党员干部和群众的民主素质。要建立严格的培训考核制度，增强宣传教育的执行力。

进一步完善村党组织领导农村基层民主立法和建立配套政策法规，理顺农村基层民主中村党支部同乡镇党委、政府的关系、村党支部同各种村级组织和社会组织的关系，并作出明确细致的规定，保证村党支部和村委会各负其责，高效合作。

2. 优化农村基层民主运行环境

首先，要完善农村基层民主的经济环境。马克思主义认为，政治发展水平最终是由经济基础决定的，经济关系和经济发展水平是政治发展的第一决定因素。一般来说，经济条件影响着农民政治参与意愿与参与程度，关注农民的现实利益也是中国共产党推进农村基层民主建设的一个基本原则。随着农村社会工业化、城镇化步伐的加快，农民的利益需求也开始体现在各个方面。所以，基层民主的发展要与经济发展相辅相成，才能为农村治理的长远发展奠定基础。

其次，要改善农村基层民主的文化环境。农民的民主意识、责任意识、服务意识是影响农村基层民主发展的重要因素。第一，发挥文化教育的作用，以义务教育为主，同时举办职业农民培训，为农村人口提供更多文化学习和交流的平台。第二，结合各地不同民俗，创新宣传方式，增强农民参与民主建设的参与感、获得感和幸福感。第三，发挥农村基层干部队伍的宣传和带动作用，干部要带头学习、准确领会基层民主治理的精神，坚定贯彻落实相关制度和政策，提高农民参与社会治理的能力。

再次，要优化农村基层民主的社会环境。农村社会化服务体系主要包括农业生产服务体系、农村基础设施服务体系、农村社会事业服务体系。完善社会化服务体系可以更好为村民自治提供服务。以科学精神和民主意识消除宗法观念和宗族意识，引导宗族势力成为村民自治的积极因素，合理利用宗族组织互助合作的优良传统，号召村民参与社会治理，为农村的公共事业，如修建学校、养老院等建言献策，逐渐实现宗族的“功能转换”，畅通农民政治参与的渠道，逐步培养其民主意识、责任意识、服务意识，为农村基层民主运行创造良好的社会环境。

3. 健全农村基层民主制度

农村基层治理中存在着诸多问题，为有效解决这些问题，首先，必须充分发挥基层群众的主动性和积极性。其中，规范基层民主选举是至关重要的一环。在《村民委员会组织法》的基础上，要根据农村的实际情况，“健全民主选举机制，不断完善相关法律法规，规范选举程序和标准，增强农民参与选举的意识，提高农民参与选举的能力。”[①] 使农村选举符合民主、平等、公开、合法等要求。充分利用现代通信工具的功能，在村委会换届选举期间，吸收大量农村青年参与选举活动。此外，加大对民主选举破坏者的惩罚力度也是健全选举制度的重要方面。国家和地方政府可以出台相关法律法规，明确破坏者应承担的法律责任，由相应机关对违法行为人依法处理。另外，应建立农村民主选举监督机制，有效防范民主选举环节中出现不法行为。

其次，要深化农村基层协商民主建设。将基层协商民主的独特优势贯穿于基层民主运行过程的始终，致力于转变“领导拍板决定”的传统决策方式，提升基层群众的政治参与度，鼓励农民通过理性的沟通以及构建平等的机会来表达利益诉求，避免在民主决策环节产生非理性的政治产品。要健全村级议事协商制度，发挥村民在基层治理中的主体作用，增强村民自我管理、自我服务、自我教育能力。将农村基层协商民主融入民主治理的过程中，才能发挥协商民主在基层民主运行过程中形成合力及理性决策的优势，促进基层民主治理长远发展，保障人民群众对基层公共事务的知情权、表达权、参与权和监督权，做到权为民所用，维护广大农民群众的基本权益。

再次，要完善农村基层民主监督机制。第一，以监察体制改革为契机，推进基层民主监督与监察委员会的有机融合，将监察延伸至村级，可以通过人员安排、制度嵌套的形式，对乡村基层党政机关的执政过程进行全程监督，实现民主监督的制度化与程序化，同时，在一定程度上减少制度建构的成本。第二，建立和完善村务民主监督的指导、管理机构，明确民主监督的惩戒性制度和民主监督的执法主体。第三，完善村民会议和村民代表会议制度，科学确定村民会议和村民代表会议的召集人，保障村民代表会议的常态化召开，使村民代表会议的决策与监督职能真正落到实处。

最后，要健全农村基层民主保障机制。乡镇政府可以减少对村委会事务管理的干预，如选举、经济、公共事务等，要充分认识到村民的自治权，尊重村委会及村民会议的决定，给予乡村自治机构法律、经济、政策等多方面的指导与支持，协调好农村自治机构与乡镇政府的关系。此外，要调整好村“两委”关系，明确村党支部的职权范围，关于村内的日常事务可以由村基层自治组织自己管理。着力完善《农村党支部和村委会议事规则》，关于本村的经济和社

① 杨迪：《农民民主权利保障问题探究》，《广西社会科学》2011 年第 9 期。

会发展问题可以在讨论前征求村民和村委会的意见。组织村“两委”成员进行理论学习，如学习党中央报告精神，吃透国家的农业农村政策和省、市、区党委、政府的指示精神，密切关注农业、财政、土地等相关政策，增强村“两委”在农民心目中的权威性、认可度。

4. 增强农民民主意识，发挥农民主体作用

人民民主意识的普遍强化，即人的意识的民主化，是民主政治建设的重要方面。民主意识是实现民主的主观条件，其强弱在很大程度上制约着民主发展的实际水平，对民主政治建设具有重要影响。因此，加强民主政治建设就必须增强人民的民主意识，让民众懂得民主是自己的事，并自觉地参与其中。在我国，农民占人口的绝大多数且民主意识总体淡薄。要进行民主政治建设，就必须对农民进行民主意识培育，主要从以下两方面着手：

第一，加强对农村民主治理的宣传教育。基层政府部门既可以通过创办宣传栏、举办公益性讲座、发放学习材料等方式来宣传民主治理，也可以借助广播、电视和网络媒体来广泛宣传《村民委员会组织法》，或通过宣传和推广村民自治的典型经验等方式，加强对农村群众的民主教育，启蒙并深化农民的民主观念。

第二，加强对农村民主治理的实践推进。农村推行村民自治的过程，也就是《村民委员会组织法》的实施贯彻过程，是农民参与民主选举、民主决策、民主管理、民主监督不断实践的过程。在参与选举的过程中，只有村民了解与尊重法律规定的程序，才能保证选举的公平、公正，特别是在选举村干部时，只有村民意识到这是在行使自己当家作主的权利，是一种责任感，政治意识才会开始觉悟，主体意识才能得到增强。如在参与村民会议、村民代表会议等活动过程中，要鼓励村民表达自己的意志，提出自己的意见和建议，对全村重大事务进行讨论并做出决策，从而大大激发和培育每个村民的自主参与意识；通过对劳动积累、集体提留、财务支出、宅基地划拨等实行民主管理，可以培育村民的民主运作意识，增强他们的责任感和使命感；对村干部行为进行民主监督，不仅可以防止村干部滥用权力，而且可以培育村民的民主监督意识。

（三）健全农村互动治理机制

“治理不是一套规则，也不是一种活动，而是一个过程；治理并不意味着一种正式制度，而有赖于持续的相互作用。”① 理顺乡村基层政府与村民自治互动关系，有利于巩固基层党内民主与基层民主二者的互动机制，促进农村基

① 俞可平：《全球治理引论》，《马克思主义与现实》2002 年第 1 期。

层“政社互动”治理机制发展，提高农村基层治理中农民的参与热情。只有这样，才能在农村基层治理中形成多元主体参与，互动合作治理农村社会各项事务的良好局面。

1. 建立农村基层党内民主与基层民主互动机制

在我国，农村基层党内民主与基层民主之间有着深刻的内在关联。随着乡村治理现代化的发展，“党内民主与基层民主的互动演进呈现出进一步开放性态势，党内民主主动、积极地向基层民主渗透”，为民主建设铺垫了深厚的政治基础。[①] 尤为重要的是，党内民主建设的积极开拓，深刻影响和带动着基层民主健康发展，促进了农村社会和谐。要提升农村基层党内民主水平，以农村基层党内民主引导与带动基层民主发展，探索二者互动的路径与模式，逐步扩大农民的参与范围，促进乡村治理的有序健康发展。同时，必须高度关注发展基层民主建设对农村党内民主的新要求。尤其要关注乡村民主生活的变化，运用民主的办法来解决基层社会生活的冲突和亟待解决的民生问题，使农村基层民主的发展能够沿着乡村振兴道路持续推进。

2. 理顺乡村基层政府与村民自治组织互动关系

农村基层互动治理主要是在农村基层政府和村民自治组织之间进行，因此，要实现乡村治理现代化，就要理顺二者之间的关系，实现互动合作。长期的实践表明，基层政权组织比村民自治组织能掌握更多的行政、人力等资源，随着民主意识增强，农民群众会要求基层政府下放资源，并转交给村民自治组织。因此，第一，要理顺基层政府与村民自治组织之间的关系，农村基层政府是促进村民自治发展的组织者与领导者，与自治组织之间不是单纯的领导与被领导关系，也不是绝对的“命令-服从”关系，更多的是民主合作的关系，基层政府为村民自治权的实现提供保障和支持，引导和帮助村民在自治方面发挥积极的能动作用，二者同向同行。第二，要理清农村基层政府与村民自治组织的职责范围和治理特点，基层政府要减少或者规避运用自身的权力直接干预农村社会自治事务，在充分尊重村民的自主性和意愿基础上，实现基层政府与村民自治组织的有效互动。

3. 构建农村基层“政社互动”治理机制

政社互动是基层治理的一种创新模式，是为实现基层政府治理与社会自治有机衔接和良性互动探索出的一条有效途径。因此，为稳定、巩固和持续发展政社互动关系，要从创新农村社会组织管理、搭建“政社互动”的工作平台、构建“政社合作”的运行机制等方面推进农村基层“政社互动”的体制建设。

① 彭穗宁：《党内民主与基层民主良性互动的四川实践》，《重庆社会科学》2009年第1期。

第一，在政府的指导下，以农村基层自治组织为载体，推进农村基层治理体制的创新，实现政府管理与社会自治的互动，最终实现我国农村社会管理创新。第二，构建“政社互动”平台是“政社合作”机制构建的必要基础，可以建造多元化共享合作平台，如建设农村民间组织主持的公益创投项目，建立民间组织参与农村基层治理和农村公共服务的示范点，按照社会化、专业化的要求，从动、静两种模式探索农村基层“政社互动”机制的完善，并促进其长远发展。

4. 完善农村治理参与机制

习近平总书记曾说：“小康不小康，关键靠老乡。”在乡村治理有效的背景下，参与式治理的发展符合农村社会多元化发展要求，有利于促进乡村公民社会的觉醒，奠定公民社会发展的基础。农民是乡村振兴的参与主体，完善农民参与机制可以从以下几个方面入手。第一，完善乡村治理中的公民参与机制，构建一个充满活力的公民社会。第二，增强农民政治参与意识，提高农民参政议政的能力，定期开展普法教育，增强普法宣传。第三，完善农民政治参与制度，拓宽其参与渠道，实现农民有序的政治参与，认真落实《村民委员会组织法》赋予农民的各项民主权利，满足农民政治参与的愿望和诉求表达。

（四）建立科学化绩效评估机制

“绩效评估是根据统一的评估指标和标准，按照一定程序通过定量和定性对比分析，对评估对象一定时期内的业绩做出客观、公正和准确的综合判断的过程。”[①] 建立科学化绩效评估机制是一个系统性工作，合理的绩效评估设计是确保评价结果有效的重要前提，这对乡村治理发展将会产生深远影响。

1. 制订评估计划

科学化的评估制度强调通过绩效评估加快职能转变，增强基层党政服务意识，包括确定参与评估的主体资格、参与的规模和比重、村民能够参与评估的范围和领域及参与评估的方式。可通过以下措施制定有效的评估计划。第一，由村民、村民自治组织、乡镇基层政府、县级以上政府有关部门共同参与制订农村基层治理绩效评估计划，从农村基层实际出发确定各方认同的农村基层社会治理的发展评估指标，防止绩效评估指标内容的空洞化、形式化，从而有效控制评估过程的成本，提高村民参与绩效评估的效率。第二，建立多元化、社会化的农村基层互动治理绩效评估制度和渠道，强化基层人大在农村基层治理

① 龚禄根、包国宪、吴建南、张定安：《政府部门绩效评估研究报告》，《中国行政管理》2006 年第 5 期。

中的指导监督作用，完善信息公开制度，依据指标的完成情况进行考核，将上级评价与群众评价结合起来，将考核结果与基层政府官员的奖惩和升迁等挂钩。第三，乡镇基层政府与村民自治组织共同开展多样的群众性绩效评估活动，预测评估中可能出现的问题并提出解决措施。

2. 培养专门的评估主体

建立农村基层互动治理的绩效机制，对推动农村基层民主政治建设具有积极的促进作用。第一，设立专门的评估机构，确保评估机构的独立性。第二，保障评估主体代表的广泛性，明晰各评估主体的职责。第三，加强对评估主体的专门培训，提高评估主体的专业素养以及加深对绩效评估的理解和认识，提升基层党政工作人员的评估技能，为专业评估和科学评估营造良好的组织文化氛围。

3. 提升第三方主体参与度

“绩效评估（包括公共政策、项目等评估）作为一种有效的管理工具和管理制度，已经被广泛应用于当今世界各国政府治理实践中。”[①] 在实践中优势明显，表现在：第一，构建评估指标体系，可提高农村绩效评估地方主体参与积极性，第三方独立于农村基层，确定评估标准和制定评估方案时可以更广泛地整合民意，以民意为依归；第二，第三方主体，比如科研院所、研究机构、专门咨询公司等机构提供的独立分析，可以帮助乡村基层干部清晰、客观地审视基层治理绩效，特别是涉及与农民利益紧密相关的民生事项，采用内外结合的绩效评价方式更有利于提高政府绩效考评的公信力和权威性，能够有效推进基层治理向治理现代化逐步迈进；第三，由独立的第三方开展绩效评估，采用公众评议、民意测验等民主方式可使评估结果更加接近实际成效，同时，获得的满意度调查结果也更具参考价值。

4. 设置评估反馈机制

美国著名的评价学专家斯塔费尔比姆曾说，“评价最重要的意图不是为了证明而是为了改进。”[②] 绩效评估反馈也是农村基层治理绩效评估的重要环节，因此，必须完善结果运用制度，提高评估效益。第一，要借助法律力量，确保绩效考核结果的真实性，可建立一套绩效考核法案，评估客体根据评估结果改善绩效，使得评估工作切实有效。第二，可以扩大评估反馈结果使用范围，倒逼服务能力增强的同时对反馈的情况认真分析，查找薄弱环节，制定整改措

① 段红梅：《我国政府绩效第三方评估的研究》，《河南师范大学学报》2009 年第 6 期（哲学社会科学版）。

② 陈玉琨、赵中建：《教育评价》，人民教育出版社，1989。

施，将评估反馈结果与绩效奖金和选拔任用挂钩，实现评估效果的最大化。第三，建议上级部门将考核农村绩效评估助推基层党政治理能力提高、优化治理主体职责的目标纳入相关的督查巡检，从统筹基层党政机构改革的高度保障新时代绩效评估范式的顺利转型，推动乡村治理实现现代化。

三、完善治理一体化，提升治理效能

（一）协同治理方式，增强治理实效

完善治理方式是实现乡村治理现代化的必然要求。乡村振兴战略规划指出，要以“自治为基、法治为本、德治为先”[①] 构建起中国特色乡村治理体系框架。该框架实际上是一种“一体两翼”[②] 新格局，以自治为“体”，法治与德治居于“两翼”。基于此，完善农村治理方式，必须要在原有村民自治的“一体”基础上展开依法治理与以德治理的“两翼”。因为“法治是‘硬性治理’，用法治思维、法治方式构筑社会治理底线、定纷止争；德治是‘软性治理’，以道德约束规范社会行为，达到润物无声的效果。”[③] 具体而言，要实现依法治理与以德治理有机结合，必须在基层民主自治基础上，着力于全面推进依法治理、增强乡规民约的约束作用、发挥先进文化的引领作用、发挥优秀传统文化的熏陶作用等四个方面，充分发挥整体优势，实现“1＋1＞2”的效果，推动乡村治理效能进一步提升。

1. 全面推进农村依法治理

法治是社会治理现代化的本质要求和实践路径。只有全面推进农村依法治理，中国才能更好更快地实现治理转型，深入推进依法治村是乡村社会的热切期盼。治理是由国家、政府、政党、社会组织、个人力量等共同来管理一个社会的过程。治理是多元主体共商、共建、共享的方式，更能体现善治理念。依法治理，指社会主体依据宪法、法律法规等一系列规范，运用法治理念、法治思维和法治方式，维持社会秩序，实现共治。农村依法治理就是要在党的领导下，社会主体共同参与，运用法治思维，约束农村公共权力、规范农村事务运行。形成尊法、守法、学法、用法的法治环境，坚持马克思主义法学观，坚持中国特色社会主义法治理念，坚持法律面前人人平等，坚持将保障农村群众的

---

① 本书编写组：《乡村振兴战略规划（2018—2022 年）》，人民出版社，2018，第 70 页。

② 李博：《“一体两翼式”治理下的“三治”融合：以秦巴山区汉阴县 T 村为例》，《西北农林科技大学学报》2020 年第 1 期（社会科学版）。

③ 刘树枝：《新时代“枫桥经验”基本内涵探究》，《社会治理》2018 年第 4 期。

权利作为价值导向，始终将维护好、发展好农民群众的利益作为出发点和落脚点，扩大法治的广度和深度，推动法治观念深入人心。在乡村振兴战略背景下，推进农村依法治理，既要总结农村经验，改进工作方式、方法，又要学习全国各地优秀基层治理经验，为我所用。“四议两公开”工作法、“一长八员”模式、“四个三”模式、“院落单元，党引民治”和“五议决策法”等先进和有效的农村基层治理创新模式，无一不体现和融入了法治思维。本书在文献研究和典型案例分析的基础上，总结出农村基层大力推进依法治理的方式途径和手段，有利于进一步扩大法治理念在农村的覆盖范围，有利于进一步保障农村基层农民的权利和利益，有利于进一步加强和维护基层党组织对农村工作的领导，有利于提高农村地区依法行政、依法执政、依法自治的水平。

2. 增强乡规民约的约束作用

乡规民约是立足乡土社会，以道德传统为基础，对乡村共同体具有指引和约束作用的行为规范。在过去，乡村依托宗族、长老权威建立的乡规民约，是一种“介于正式制度与非正式制度之间的，具有一定权威性的民间行为规范”[①]。乡规民约历经时代变迁，仍然在农村治理中具有不可替代的地位。进入社会转型期，乡规民约已成为村民自治的重要形式，是一种“融乡土性与现代性于一体的整合机制”[②]。它是村民共同制定的行为规范，是基层民主的产物。在村民作为自治主体充分发挥创造性、自主性、能动性的同时，乡规民约为法治乡村建设奠定了思想基础，为推进落实乡村振兴战略下的民主决策提供了道德和文化的土壤。

近年来，在市场经济条件下，在农村社会转型过程中，农村人口流动加快，在思想观念的多元化冲击下，农村的边界逐渐扩大，乡规民约对村民的约束出现不同程度的减弱甚至失效。因此，深入分析研究作为农村社会基本行为规范的乡规民约在实践中出现约束力下降的问题，探索解决路径和方法，重新激活乡规民约的效力，以期在探索创新农村社会治理、提升农村治理能力上提供新的借鉴，是当前农村社会治理创新的一大重要课题。

(1) 完善乡规民约的合法性、合意性

从理论上看，乡规民约应当是一个合法性和合意性相统一的制度规范。合法性是其有效发挥约束作用的前提，合意性是其能否发挥约束作用的内在价值

① 赵丽敏：《村规民约在新农村法制建设中的现代化和法治化转换》，《公民与法》2010 年第 3 期(法学版)。

② 杨建华、赵佳维：《村规民约：农村社会整合的一种重要机制》，《宁夏社会科学》2005 年第 5 期。

认同。然而实际上，部分乡规民约仍存在与法律相冲突、合意性不足等缺陷。因此，要本着法治精神，构建合法性与合意性相统一的乡规民约，积极发挥其对村民价值观念、行为方式、思维方式的约束作用。

第一，构建乡规民约的合法性。合法性是乡规民约发挥效能的基本前提，乡规民约必须在国家宪法、法律的指导下，实现制定程序和制定内容的合法性建构。首先，程序必须符合《村民委员会组织法》对乡规民约的原则性规定，即村民会议制定和修改乡规民约，应当由本村 18 周岁以上村民中超过半数或者 2/3 以上的农户代表参加。另外，乡规民约内容要合法。乡规民约绝不是“独立王国”内的“小宪法”，其内容必须符合宪法和法律精神，符合国家法治精神。总之，应从立法上明确乡规民约的地位，规范乡规民约的制定程序和制定内容。

第二，构建乡规民约的合意性。合意性是村民遵守乡规民约的基础，制定乡规民约要体现村民的基本意愿和意志，因为这是村民自治的重要手段之一，是一种“自下而上”的治理模式。村规民约具有极强的地域性和乡土性，只有根据村庄本土特点制定的相应村规民约，才算得上充分尊重了普遍存在的地域差异。村规民约的多样性既是其生命力的外在形态，更是文化多样性的充分表达，村规民约在制定时要结合农村现实情况，针对基层治理中的实际困难，着力于化解矛盾纠纷，以促进农村社会和谐稳定。要弱化政府权力干预，强化村民会议的独立性、自主性，根据自身乡土特色制定乡规民约。

（2）健全乡规民约审查监督机制

清华大学法学院陈寒非、高其才教授在 2018 年对我国东、中、西部 45 个行政村开展乡规民约调查研究后发现，乡规民约至少在保障基层民主、管理公共事务、保护环境卫生、保护利用资源、促进团结互助、传承良善文化、推进移风易俗以及维护乡村治安、解决民间纠纷等多方面发挥着积极作用。① 可见，乡规民约在农村基层治理中仍扮演着十分重要的角色。随着时代变迁、社会结构转型，乡规民约逐渐演变为衔接国家法律政策和乡村风俗习惯的基层治理规范的外在形态。农民群众由于受教育条件、知识水平和信息获取途径的限制，对国家法律法规及政策缺少认识，却对由村民起草、讨论、表决的，结合了乡村习俗、贴近生活、通俗简约的乡规民约更容易理解、接受和运用。良好的乡规民约具有正向引领功能和反向惩戒功能。要充分发挥乡规民约的积极作用，在制定过程中，尽量避免出现内容过于形式化、空洞或脱离实际的情况，同时，要健全乡规民约的审查监督机制，对不符合法律要求的相关内容进行删

① 陈寒非、高其才：《乡规民约在乡村治理中的积极作用实证研究》，《清华法学》2018 年第 1 期。

除修改，对制定程序和过程进行公平公正监督，完善事前预防、事中疏导和事发纠错反馈机制。乡规民约治理作用的充分发挥能够缓和基层政府与群众的矛盾，推进乡村社会稳定、有序、和谐发展。乡规民约在调整变迁的过程中，要始终保持合法性与合意性协同进化，满足村民的高度认同感、尊崇感和获得感。

(3) 增强农村群众的契约意识

随着国家的现代化转型，尽管农村社会知法、懂法、守法的氛围越来越浓，但绝大多数村民对法律、规则的认识仍然停留在比较模糊的感性认知层面。尤其是对规则的遵守相对欠缺，这背后的实质是村民的规则意识、契约意识仍然较为淡薄。这是由农村生活环境、生产方式所决定的，又体现了农民知识的相对缺失。人情社会靠“关系”而不靠“规则”的传统习惯思维无法适应现代化法治社会建设，因此，提高村民规则意识、树立契约意识是增强乡规民约约束作用的重要途径。首先，通过乡规民约这种村民易于接受的形式可将国家法治思想融入乡土文化之中，潜移默化促进村民传统思维的转变，形成良好的诚信契约精神，以破解“乡规民约权威性渐趋衰弱”① 的思想困局。其次，乡规民约要体现乡村优秀文化精神，在呆板的条文框框中，注入能够寄托和表达人文关怀的内容，提高村民的认同感，推动淳化风俗、促进社会和谐。最后，村党员干部要带头遵守乡规民约等制度规范，率先遵守规则、履行契约，建立以点带线，以线带面的格局，以自身的实际行动，积极遵守乡规民约制度规范，积极带动村民维护村集体利益。在树立契约意识方面，要注重教育宣传，积极引导村民形成良好的规则意识、诚信意识，让每一个村民都成为乡规民约的自觉践行者和监督者。

(4) 健全乡规民约激励和惩戒机制

要充分实现乡规民约的价值，既可以通过强化激励机制，使其担负起弘扬社会主义核心价值观的积极作用，又有必要通过完善惩戒机制，凸显其作为制度规范的强制性。只有激励机制的“柔性”与惩戒机制的“刚性”有机协调，才能使乡规民约的制约作用得到有效发挥。基于这一视角，在运用和执行乡规民约的过程中，应当根据乡村实际，在法律框架内，健全激励和惩戒机制。

第一，要健全激励机制。激励机制往往能通过利益、荣誉等物质或精神价值牵引，充分激励村民主动参与乡村治理活动，主动维护乡规民约的制度性。完善的激励机制能够最大限度地激发村民个体的积极性、主动性和创造性。当然，为确保激励机制的有效运行并最大程度地发挥作用，也并不是要给予遵守

① 孙玉娟：《我国乡村治理中乡规民约的再造与重建》，《行政论坛》2018 年第 2 期。

和表现突出的村民以过量回报，不能使激励机制偏离本位，脱离价值牵引的合理范围。

第二，要健全惩戒机制。惩戒监督措施是所有制度规范有效执行的保障，乡规民约作为非正式制度也不例外。封建社会的乡规民约，惩戒措施相当严厉，赔礼道歉、没收财产、开除乡籍等属于较轻的处罚，更严厉的会使用酷刑甚至处决等方式。现代文明社会，村级组织和农村社会没有处罚权限，无权剥夺村民的人身和财产权利，乡规民约的惩戒性色彩也随之逐渐淡化，如何在法律范围内有效健全惩戒机制是值得深入研究的课题。

此外，由于我国乡村数量众多，地理环境、文化环境、政治经济环境等差异巨大。因此，健全乡规民约惩戒机制必须因地制宜、结合本土特点。要充分考虑村庄各方面条件，既不可“一刀切”，搞同质化的乡规民约，也不可过于突出特色而超出村民自治的范畴，甚至将乡规民约置于法律之上，违背制定乡规民约的初衷。

3. 发挥社会主义先进文化的引领作用

文化是民族的灵魂，凝聚着全民族共同的精神力量，它属于上层建筑范畴，是人类体力劳动和精神劳动的高级产物，一般包括物质文化和精神文化。先进文化是人类社会前进的动力。社会主义先进文化，是指以马克思主义为指导的，民族的科学的大众的社会主义文化。社会主义核心价值观作为我国先进文化的最大公约数，是我国文化的主旨与核心内容。能否真正践行社会主义核心价值观，是能否发展好先进文化的根本前提。在农村社会价值结构、利益结构日趋多元化、复杂化的情况下，让社会主义先进文化在农村社会生根发芽仍面临不小困难。“农村的思想文化阵地，先进的正确的思想和优良社会风尚不去占领，落后的错误的思想和不良社会风气就必然会去占领。”① 基于此，在推动乡村振兴和乡村治理现代化大背景下，发挥社会主义先进文化的引领作用，最根本的就是以社会主义核心价值观建设为核心，加强农村群众思想政治建设，确立农村诚信道德规范。

（1）以培育和践行社会主义核心价值观为目标，加强乡村价值观塑造

在农村，发挥先进文化的引领作用，其本质就是弘扬社会主义核心价值观，通过构建先进的文化体系，实现马克思主义的中国化、民族化和时代化。积极引导农村文化朝着科学民主方向发展，取其精华去其糟粕，摒弃诸如拜金主义、享乐主义、功利主义、封建主义和鬼神论等落后腐朽的思想文化。社会主义核心价值观的内容涵盖国家、社会、公民三个维度，是一个有机的整体和

---

① 江泽民：《江泽民文选（第一卷）》，人民出版社，2006，第 276 页。

系统。农村地区治理一直以来是基层治理中的重点和难点，培育和践行社会主义核心价值观，要符合农村的特点和环境，坚持教育引导、实践养成、制度保障三者统一，以为农村文化建设提供智力和人才支撑、提升农村工作队伍的政治素养为目标。

培育和践行社会主义核心价值观，要以中国梦的宣传教育为先导，大力弘扬民族精神和时代精神，着力推进农村爱国主义、集体主义、社会主义教育，加强农村地区的民族团结进步教育。以发现和培育新时代有理想、有担当的乡村治理新人为抓手，推出一批新时代农民的先进模范典型。以农村法治建设为载体，充分融入社会主义核心价值观，构建农村公平正义环境，展现社会主义主流价值。以农村基本价值观念重塑为目标，探索建立重大公共政策道德风险评估和纠偏机制。

（2）加强对农民的思想政治教育，提升农民群众政治素养

思想政治教育本质上是一种宣传和灌输意识形态的实践活动，目的是将党和国家的意志变为群众的内在思想并化为其自觉行动。农村是开展思想政治工作的重要场域，农村人口受教育程度相对于城市人口而言长期较低，农村思想文化阵地先进思想不去占领，封建的、落后的思想就会去占领。而农村思想文化阵地以什么方式去占领直接决定了农村未来文化的发展方向，关乎农村社会经济发展的大局。这决定了农村思想政治工作任务是艰巨的，具有复杂性、特殊性、长期性的特征。必须要以习近平新时代中国特色社会主义思想为指引，培养教育农民群众拥护党的领导、坚定走中国特色社会主义道路、坚持中国社会主义发展方向，不断推动农村社区有针对性地加强对农村群众的思想政治工作建设。具体措施包括以下几点。第一，结合农村实际，尊重个体差异、因人施教。始终将政治理论学习融入农民日常生活之中，增强思想政治教育的实践性、生活性和实效性。第二，创新方式方法。在强调“灌输”的同时，还要沉入乡村接地气，切实根据农民群众的可接受程度，创新性地选择教育方式、拓宽教育载体、丰富教育途径，真正做到寓教于乐。第三，健全人文关怀和心理疏导机制，培养自尊、自信、理性的农村社会心态，合理引导农村社会预期。可以尝试开展星级文明户等“接地气”的精神文明创建活动，发挥群众的模范示范作用。借助农村社区教育平台，做好家庭文化教育宣传工作，传承优良家风家训。第四，与时俱进，推广优秀文明成果。此外，也要理性看待非主流文化和不同的农村社会思潮，积极借鉴更广泛区域内的优秀文明成果，自觉汲取思想养分，增强农村思想政治教育的时代性，切实提升群众的政治素养。

（3）加强对乡村居民的道德教育，提高乡村群众道德修养

改革开放以来，受西方自由主义、利己主义、拜金主义等极端思潮冲击，商品交换规则渗透进并影响了乡村道德规范。为了“利益”与“好处”，乡村居民在人际交往中愈发追求“商品化”“利益化”，乡村道德感、荣辱感、羞耻感正在褪去。[①] 加强对乡村居民的道德教育是发挥社会主义先进文化引领作用的重要环节，要倡导孝老爱亲的家庭氛围，通过推进道德教育，促进社会公德、职业道德、家庭美德、个人品德的全面提升。第一，在尊重农民主体性基础上，围绕农民的责任意识、规则意识、集体意识和主人翁意识，推进诚信建设。第二，建立健全农村信用体系，完善守信激励和失信惩戒机制。第三，广泛开展道德文化教育活动。坚持以文化人、以德育人，形成孝敬父母、尊敬长辈、团结互助、关爱晚辈的社会风尚。第四，建立健全乡村先进模范的示范长效机制。积极寻找最美乡村教师、医生、村官、村民等，挖掘身边典型、树立身边榜样，带动乡风、民风和家风美起来、淳起来、浓起来。

4. 发挥中国优秀传统文化的熏陶作用

中国优秀传统文化博大精深、源远流长，积淀着伟大民族智慧，是中华文明延续不断的文化基因和新时代文化自信大厦之基。习近平总书记指出，中国优秀传统文化是“一个国家、一个民族传承和发展的根本，如果丢掉了，就割断了精神命脉”[②]。中国农村分布广泛，经济、政治、文化、社会、生态等各方面发展水平参差不齐，但是优秀传统文化始终是示范性农村最鲜明的标签。农村优秀传统文化形成于农村，扎根于农村，服务于农村，又不局限于农村。在农村现代化进程中，农民的社会交往范围不断扩大，城乡交流日益频繁，来自农村的城市新移民给城市带去的不仅是劳动力、智力、技术，还有始终伴随其左右的文化，集中表现在思想、伦理、行为等方方面面。优秀传统文化融入农村社会，一方面可以促进乡村文化的持续传承、融汇和发展，另一方面也在提高乡村社会文明程度、构筑城乡共同体文化、规范社会秩序中发挥了不可忽视的作用。“农民对乡村文化的认同感日益疏离，村民的个体价值取向日益复杂多变，人们不再有地方性的伦理共识和道德规范标准，传统乡村道德呈现出碎片化和边缘化的样态。”[③] 近代学者梁漱溟号召并实践乡村建设运动，就是要恢复重建基于“文化失调”的乡村传统文化秩序。可见，农村传统文化在维护社会秩序和稳定上发挥了积极作用。

乡村振兴战略背景下，要立足既有的乡村传统文化，汲取城市文明及外来

① 邹海霞：《基层社会治理中的德治建构探析》，《广西民族大学学报》2016 年第 2 期（哲学社会科学版）。

② 中共中央宣传部：《习近平总书记系列重要讲话读本》，人民出版社，2016，第 202 页。

③ 赵霞：《乡村文化的秩序转型与价值重建》，博士学位论文，河北师范大学，2012，第 79 页。

文化优秀成果，积极发掘各地区优秀传统文化的精神价值，也要不断推陈出新，不断赋予乡村文化新的时代内涵和新的表现形式。

（1）加强农村传统文化保护，合理开发乡土文化资源

数千年的农耕文明，是中华民族精神的文化基础和历史渊源，也是当代中国文化自信和文化发展的突出优势。如何积极发挥传统文化的熏陶作用就成为文化振兴的重要内容，就农村而言，首先要加强农村传统文化保护，合理开发乡土文化资源。

第一，加强农村传统文化保护。乡村振兴战略规划对乡风文明建设的要求中强调必须加强对于农村传统文化的保护。要将乡村留存的古老村落、文物古迹、农业遗迹等列入乡村传统文化保护名单，坚决保护农村传统文化遗产，大力保护和传承农村优秀民间文化。同时，要注重挖掘传统文化中的先进理念、精神价值和优秀习俗，赋予其新的时代内涵，让农村优秀传统文化重焕生机，使其在乡村文化振兴全过程充分发挥“聚民心、教民行、化民风”的作用。

第二，合理开发乡土文化资源。要坚持“保护”和“发掘”两手抓的思路，保护传统文化，更要传承好传统文化。加强对古村落、古名居的保护利用，挖掘少数民族特色村寨，加强多民族文化交流互鉴，打造特色品牌项目，以品牌带动文化，以文化反哺品牌。同时，积极开展文化资源传承活动，举办农耕文明遗址展览等，充分挖掘农村潜藏的优秀文化资源，加大对文化遗产的宣传推广，打造地方特色文化品牌，积极创先争优，培育一批“文化艺术之乡”。

（2）加强农村公共文化服务建设，重塑乡村文化环境

由于各种客观原因，农村公共文化服务建设相对滞后，成为制约乡村文化环境改善的短板。加大“财”的投入和“才”的支持，以及充分利用网络新媒体资源是加强农村公共文化服务建设的必然选择。

第一，完善农村公共文化服务设施。伴随文化资源下乡，我国农村除一些偏远地区外，基本建成综合性文化服务中心。对于公共文化设施匮乏的地区，要加大建设力度，投入更多资源。对于已经建立综合性文化服务中心的地区，要依托村级组织开辟更多活动场地、乡村祠堂等，实现乡村公共文化服务全覆盖。

第二，加强农村文化人才队伍建设。乡风文明建设，人才是关键。要坚持“输血”与“造血”并重，培育农村文化人才。要优化农村文化人才队伍结构。积极鼓励大学生村官和文化志愿者开展乡村综合性文化服务中心的建设、管理与服务，并对其加强工作保障，提高其工作待遇，多途径“输血”，留住文化人才。同时，要重视发现和培养本土文化能人、“新乡贤”、非物质文化遗产传承人等，举办经常性培训，大力营造人尽其才、才尽其用的文化人才成长环境，充分发挥他们在传统文化传承、传播、手工技艺培训等方面的积极作用。

第三，注重净化网络新媒体文化环境。随着互联网和智能手机的普及，农民群众的公共活动空间由线下拓展到了线上，农民群众通过微信等即时通讯工具自发建立了家族群、老乡群等，有的还经营着个人自媒体账号。但是，由于网络信息具有传播速度快、信息量大、信息质量参差不齐等特点，虚假信息以及一些落后的封建文化思想会拓展到网络空间，混淆视听。基于农村人口的特点，更需营造一个干净、纯朴的互联网环境。要引导优秀传统文化抢占互联网文化阵地，充分发挥优秀传统文化的熏陶作用。

(3) 借助优秀传统文化，培育良好家风、文明乡风、淳朴民风

家风汇成乡风，乡风展现民风，要更好地促进社会发展，需要文明的乡风、淳朴的民风和良好的家风，这是因为“三者同根共生，是乡村文化建设的一体三面”，发挥着不可替代的作用。[①]

第一，培育良好家风。创建良好家风既是每一个家庭的责任，也是全社会的共同期盼，是乡村文明的基石。培育良好家风，必须立足于国情、党情，着眼于家庭现实，以家庭教育为切入点，强化优秀传统家风培育、打造和宣传，广泛开展文明家庭创建活动，让农民自觉关注家庭、重视家教、弘扬家风，积极营造相亲相爱、与邻为善、尊老孝亲、爱家爱国的良好家风。

第二，营造文明乡风。乡风建设需要政府、社会、群众等多方力量参与，是一项系统性工作，通过牢固树立正确的价值观、利益观和生活观，在老百姓生活中渗透社会主义核心价值观。同时，要科学统筹乡风建设与经济建设，正确处理文化与经济建设的辩证关系。培育文明乡风，要积极开展文化宣传推广活动，把传统文化中的优秀理念、作风、习俗转化为群众的内在需求，真正实现“内化于心、外化于行”。

第三，发扬淳朴民风。在一定程度上，淳朴民风代表着一个地方的治理水平和治理能力，是地方政府的政绩表现，也是文化繁荣的“风向标”。受传统封建思想的影响，农民群体中仍然有部分人在不同程度上存在愚昧、迷信、自私等落后思想，这在一定程度上制约了乡村集体经济的健康发展。必须要深入挖掘优秀传统文化中蕴含的人文精神、道德规范，广泛开展文化惠民

---

① 宋小霞，王婷婷：《文化振兴是乡村振兴的“根”与“魂”：乡村文化振兴的重要性分析及现状和对策研究》，《山东社会科学》2019 年第 4 期。

活动，转变村民落后的思想观念，持续推进移风易俗，遏制人情攀比、天价彩礼等陈规陋习，培育勤俭节约、诚信互助、文明友爱的文明新风，使村民自觉接受优秀传统文化的精神熏陶，充分激发农民群众振兴乡村、干事创业的内生力量。

（二）发挥智力优势，实现乡村智治

推进农村基层社会治理的现代化、信息化，必须充分利用高校、媒体的智库资源，发挥数据优势并充分发挥“新乡贤”在乡村治理中的积极作用，真正实现乡村智治。

第一，充分利用高校的智库优势。作为新时代的高校，其重要职能之一就是服务地方。农村基层社会治理，高校不能缺位。首先，应针对农村基层社会发展实际，培养更多有志于投身基层的大学生。为满足农村基层社会治理所需的自治、法治和德治“三治融合”的治理需要，培养具备法治素养、德治文化和自治能力，能熟练把握三种治理方式的内在联系、各自优势和融合运用规律，能融会贯通地运用三种治理方式处理基层社会治理实际问题的专门性、综合性人才。其次，加强建立校地合作，建立基层社会治理实践基地。在乡镇建立基层社会治理实践基地，持续开展大学生走进“百村千户”的暑期社会实践。让师生共同参与社会治理法规的起草与论证、自治规约讨论、纠纷化解、普法宣传等活动，让学生深入一线，将课堂上的“所学、所见、所听、所思”融入基层社会治理实践，以此完善学生的知识结构，提升其理论应用的综合技能。另外，采用订单式培养办法。针对农村基层民主选举、村民婚姻家庭、财产权纠纷和社区邻里纠纷等事项的分析研判和梳理规划，整合高校众多专家教授以及相关领域学者、政界智囊团和商界精英等一流资源，以满足学员需求为前提，量身定制个性化的教学方案，全面加强对地方社会治理队伍的专业知识、专业能力培训，锻造一支让党和政府放心、让人民群众满意的高素质队伍。作为社会治理的执行者、社会稳定的促进者，要以不断增强人民群众的获得感、幸福感、安全感为己任，为完善基层社会治理体系，建设平安中国，增进人民福祉做出新的更大贡献。

第二，发挥媒体智库的重要作用。媒体智库要用人民群众能够“读得懂、听得进、理解得好”的方式及时宣传国家政策，让党的创新理论“飞入寻常百姓家”，突出主流媒体压舱石的作用；要广泛调查，及时搜集和了解人民群众的思想疑虑与困惑，通过网评、时评等方式对这些现象背后的原因进行专业剖析，帮助群众明辨是非，积极回应人民群众的价值判断与道德选择，正确引导社会舆论、疏导公众情绪、凝聚社会共识，为坚持和完善共建共治共享的农村基层社会治理共同体提供正能量。媒体智库要紧密结合农村经济社会发展的重点、焦点、难点，对脱贫攻坚和乡村振兴工作中的典型案例、优秀干部群众事迹进行深度挖掘；打造服务平台、商贸洽谈平台、产品营销平台，通过这些信息交流共享平台的建设，提升基层社会、人民群众的信息获得能力，为经济社会发展贡献媒体信息力。媒体智库要提供精准化、精细化的服务，从用户角度出发积极搭建沟通平台、设置民生话题、聚焦民意热点，为各类社会主体参与社会治理开辟新途径，为群众参与社会治理降低成本，在多元舆论场中凝聚社会共识。通过加强乡村网格管理的数字化建设，建立村民基本信息数据库，实现各部门公共信息资源的开放、共享，为村民提供及时、易操作、个性化的服务，让数字多跑腿、群众少跑路，整合信息咨询、健康服务等功能，努力建成管理规范、服务高效的和谐乡村服务平台。媒体智库要健全舆论监督机制，切实将监督问政的结果落到实处，为社会治理营造良好舆论环境，切实提高农村基层社会治理的效能。

第三，充分发挥“新乡贤”在乡村治理中的积极作用。“新乡贤”是乡村社会各种精英人才的合称，主要指有资金、有情怀、有道德、有知识、有能力，对乡村社会发展有贡献的贤能人士。因为具有较强的综合素质与能力，他们逐渐成为乡村治理中十分重要的治理主体，具有独特的治理价值和作用。当前，在推进乡村治理现代化的过程中，亟须充分发挥“新乡贤”的作用。

一是发挥“新乡贤”在促进自治中的作用。新乡贤群体相对独立于村“两委”，要让新乡贤对村民自治形成一定补充，在村治过程中广泛参与选举、决策、管理和监督，保障村民自治的有效性。

二是发挥“新乡贤”在推进公益中的作用。借助新乡贤的资源、资金优势，鼓励他们积极参与乡村社会公益服务事业，比如：乡村道路维修、文娱设施建设、公益助学等事业。

三是发挥“新乡贤”在解决纠纷中的作用。乡村治理过程中，要充分借助新乡贤的社会威望以及发挥他们对国家政策、法律知识、乡土文化、风俗习惯比较了解的优势，支持和鼓励他们在法律咨询等方面广泛参与并介入乡村纠纷化解。

四是发挥“新乡贤”在德治教化中的作用。新乡贤在乡村治理中可以发挥自己的文化特长优势，撰写地方人文地理书籍，记录和宣传地方自然环境、历史文化、风俗习惯和名人事迹，提高乡村的知名度。而乡镇、村组可以通过乡贤事迹、乡贤讲堂、道德红榜等方式宣讲优良的道德品质，重建乡村道德体系，培育新时代乡村道德新风尚，充分借助新乡贤这一群众的“身边人”“知心人”宣扬社会主义核心价值观。

五是发挥“新乡贤”在践行法治中的作用。积极引领新乡贤群体参与村级规章制度（如村规民约）的制定与实施，推动乡村制度的落实，维护乡村社会公平公正；积极鼓励有法律教育或工作背景的新乡贤参与国家政策、法律法规的宣讲活动，让国家政策在乡村落地生根；积极支持新乡贤在征地拆迁、集体财产分配等事项中对村民权益的维护。

参考文献

REFERENCES

本书编写组，2004. 中华人民共和国宪法［M］. 北京：中国法制出版社.

本书编写组，2008. 中共中央国务院关于实施乡村振兴战略的意见［M］. 北京：人民出版社.

本书编写组，2016. 中华人民共和国国民经济和社会发展第十三个五年规划纲要（2016 两会十三五规划纲要）［M］. 北京：人民出版社.

本书编写组，2018. 乡村振兴战略规划（2018—2022 年）［M］. 2018. 北京：商务印书馆.

陈寒非，高其才，2018. 乡规民约在乡村治理中的积极作用实证研究［J］. 清华法学，12（1）：62－88.

陈煦，周清，2019. 人民日报有的放矢：发挥民主协商在社会治理中的独特优势［N］. 人民日报，2019－12－27.

陈玉琨，赵中建，1989. 教育评价［M］. 北京：人民教育出版社.

邓超，2018. 实践逻辑与功能定位：乡村治理体系中的自治、法治、德治［J］. 党政研究（3）：89－95.

邓大才，2018. 走向善治之路：自治、法治与德治的选择与组合——以乡村治理体系为研究对象［J］. 社会科学研究（4）：32－38.

杜英，杨静慧，2010. 群体性事件的特点、成因及治理对策［J］. 陕西行政学报，24（3）：36－38.

杜智民，康芳，2021. 乡村多元主体协同共治的路径构建［J］. 西北农林科技大学学报（社会科学版），21（4）：63－70.

段红梅，2009. 我国政府绩效第三方评估的研究［J］. 河南师范大学学报（哲学社会科学版），36（6）：47－51.

范建华，2018. 乡村振兴战略的理论与实践［J］. 思想战线，44（3）：149－163.

范俊彦，吴敏，2012. 加强党对农村基层民主建设领导的重要途径［J］. 理论探索（6）：58－60.

冯献，李瑾，崔凯，2020. 乡村治理数字化：现状、需求与对策研究［J］. 电子政务（6）：73－85.

高枫，2019. 乡村振兴背景下三治融合的乡村治理体系研究［D］. 郑州：郑州大学.

高松，刘瑞宁，2019. 新时代背景下基层党组织治理现代化研究 [J]. 云南民族大学学报（哲学社会科学版），36（2）：17-25.

龚禄根，包国宪，吴建南，等，2006. 政府部门绩效评估研究报告 [J]. CPA 中国行政管理（5）：11-16.

管文行，2019. 乡村振兴背景下农村治理主体结构研究 [D]. 长春：东北师范大学.

郭少华，2015. 新媒体语境下农村社区治理研究 [J]. 社科纵横，30（6）：81-84.

郭苏建，王鹏翔，2019. 中国乡村治理精英与乡村振兴 [J]. 南开学报（哲学社会科学版）（4）：62-75.

江维国，李立清，2018. 顶层设计与基层实践响应：乡村振兴下的乡村治理创新研究 [J]. 马克思主义与现实（4）：189-195.

江泽民，1997. 高举邓小平理论伟大旗帜把建设有中国特色社会主义事业全面推向二十一世纪：在中国共产党第十五次全国代表大会上的报告（1997 年 9 月 12 日）[M]. 北京：人民出版社.

江泽民，2006. 江泽民文选（第一卷）[M]. 北京：人民出版社.

姜广博，2020. 新时代以人民为中心的农村基层治理方式改革研究 [D]. 长春：吉林大学.

孔繁斌，2003. 治理与善治制度移植：中国选择的逻辑 [J]. 马克思主义与现实（3）：60-64.

李博，2020. "一体两翼式"治理下的"三治"融合：以秦巴山区汉阴县 T 村为例 [J]. 西北农林科技大学学报（社会科学版），20（1）：111-120.

李牧，李丽，2018. 当前乡村法治秩序构建存在的突出问题及解决之道 [J]. 社会主义研究（1）：131-137.

李强，2014. 怎样理解"创新社会治理体制"[J]. 毛泽东邓小平理论研究（7）：41-48.

李冉，2017. 深刻认识和把握以人民为中心的发展思想 [J]. 马克思主义研究（8）：26-32.

梁漱溟，2015. 乡村建设理论 [M]. 北京：商务印书馆.

列宁，1985. 列宁全集（第三十三、三十五、三十六卷）[M]. 中央马克思恩格斯列宁斯大林著作编译局，编译. 北京：人民出版社.

刘碧，王国敏，2019. 新时代乡村振兴中的农民主体性研究 [J]. 探索（5）：116-123.

刘树枝，2018. 新时代"枫桥经验"基本内涵探究 [J]. 社会治理（4）：61-63.

毛泽东，1991. 毛泽东选集（第一、二、三卷）[M]. 北京：人民出版社.

马克思，恩格斯，2009. 马克思恩格斯文集（第一卷）[M]. 中央马克思恩格斯列宁斯大林著作编译局，编译. 北京：人民出版社.

马克思，恩格斯，2012. 马克思恩格斯选集（第四卷）[M]. 中央马克思恩格斯列宁斯大林著作编译局，编译. 北京：人民出版社.

彭穗宁，2009. 党内民主与基层民主良性互动的四川实践 [J]. 重庆社会科学（1）：18-22.

司雪侠，2016. 依法治国视角下基层社会矛盾化解法治化机制的完善 [J]. 理论探讨（4）：

168－171.
宋小霞，王婷婷，2019. 文化振兴是乡村振兴的“根”与“魂”：乡村文化振兴的重要性分析及现状和对策研究［J］. 山东社会科学（4）：176－181.
苏玉娟，2020. 大数据背景下的乡村数字治理路径［J］. 三晋基层治理（1）：31－36.
孙玉娟，2018. 我国乡村治理中乡规民约的再造与重建［J］. 行政论坛（2）：46－49.
王斯敏，张胜，2017. 提升智库能力，助推社会治理现代化［N］. 光明日报，2019－12－20（1）.
王文彬，2019. 自觉、规则与文化：构建“三治融合”的乡村治理体系［J］. 社会主义研究（1）：118－125.
卫小妮，2019. 乡村振兴战略下农村基层党组织建设研究［D］. 兰州：兰州大学.
吴理财，解胜利，2019. 文化治理视角下的乡村文化振兴：价值耦合与体系建构［J］. 华中农业大学学报（社会科学版），139（1）：16－23.
吴雯雯，2019. 构建党建牵引型乡村复合治理新格局：浙江的先行探索及启示［D］. 北京：中共中央党校.
吴亚辉，2018. 习近平以人民为中心的发展思想研究［D］. 重庆：西南大学.
吴重庆，张慧鹏，2018. 以农民组织化重建乡村主体性：新时代乡村振兴的基础［J］. 中国农业大学学报（社会科学版），35（3）：74－81.
习近平，1992. 摆脱贫困［M］. 福州：福建人民出版社.
习近平，2007. 之江新语［M］. 杭州：浙江人民出版社.
习近平，2014. 习近平谈治国理政（第一卷）［M］. 北京：外文出版社.
习近平，2017. 决胜全面建成小康社会夺取新时代中国特色社会主义伟大胜利：在中国共产党第十九次全国代表大会上的报告［N］. 人民日报，2017－10－28（2）.
习近平，2017. 习近平谈治国理政（第二卷）［M］. 北京：外文出版社.
习近平，2018. 在学习贯彻党的十九大精神研讨班开班式上的讲话［N］. 人民日报，2018－01－06（1）.
习近平，2020. 习近平谈治国理政（第三卷）［M］. 北京：外文出版社.
习近平，2017. 万众一心 开拓进取 把新时代中国特色社会主义推向前进［N］. 人民日报，2017－10－20（1）.
萧青，2021. “三治融合”乡村社会治理研究［D］. 太原：山西财经大学.
严俊，2014. 民主集中制的共和型民主模式与党内治理现代化［J］. 社会主义研究（5）：84－89.
阳斌，2019. 新时代中国共产党乡村治理研究［D］. 成都：西南交通大学.
杨迪，2011. 农民民主权利保障问题探究［J］. 广西社会科学（9）：106－109.
杨建华，赵佳维，2005. 村规民约：农村社会整合的一种重要机制［J］. 宁夏社会科学（5）：63－66.
俞可平，2002. 全球治理引论［J］. 马克思主义与现实（双月刊）（1）：20－32.
俞睿，李姝姝，2008. 治理与善治：国家与公民社会合作的基石［J］. 云南行政学院学报

(5)：66-68.

郁建兴，任杰，2018. 中国基层社会治理中的自治、法治与德治［J］. 学术月刊，50 (12)：64-74.

张来明，2018. 中国社会治理体制历史沿革与发展期望［J］. 社会治理（9）：5-17.

张伟宾，2018. 推进实施乡村振兴战略的总蓝图［N］. 农民日报，2018-10-01（3）.

张艳娥，2010. 关于乡村治理主体几个相关问题的分析［J］. 农村经济（1）：14-19.

赵丽敏，2010. 村规民约在新农村法制建设中的现代化和法治化转换［J］. 公民与法（3）：26-28.

赵霞，2012. 乡村文化的秩序转型与价值重建［D］. 石家庄：河北师范大学.

中共成都市郫都区委组织部，2018. 新时期加强农村基层党组织建设的思考［J］. 先锋 (10)：52-53.

中共中央文献研究室，2014. 十八大以来重要文献选编（上）［M］. 北京：中央文献出版社.

中共中央文献研究室，2016. 十八大以来重要文献选编（中）［M］. 北京：中央文献出版社.

中共中央文献研究室，2018. 十八大以来重要文献选编（下）［M］. 北京：中央文献出版社.

中共中央宣传部，2016. 习近平总书记系列重要讲话读本［M］. 北京：学习出版社，人民出版社.

周学荣，2018. 社会组织参与社会治理的理论思考与提升治理能力的路径研究［J］. 湖北大学学报（哲学社会科学版），45（6）：109-115.

周泽华，2021. 乡村振兴背景下的三治融合问题研究［D］. 昆明：云南财经大学.

邹海霞，2016. 基层社会治理中的德治建构探析［J］. 广西民族大学学报（哲学社会科学版），38（2）：38-42.

附录 1

乡村振兴与治理现状调查研究问卷

编号：□□□

您好，感谢您在百忙之中抽出时间填写问卷。我们是四川农业大学的科研人员，目前正在进行《乡村振兴战略农村基层治理研究》的课题调研，想通过对当前乡村治理现状的了解，发现问题，总结经验，以便更好地为实现乡村协同治理提供具有针对性的解决方案。

本问卷采取匿名的方式，所有相关数据仅作研究使用，请您根据实际情况如实填写，您的作答及个人信息会得到绝对保密，感谢您的参与！

调查时间：　　　　　　　　　调查地点：

1. 您的性别？

A. 男　　B. 女

2. 您的年龄？

A. 30 岁以下　　B. 30～45 岁　　C. 45～60 岁　　D. 60 岁以上

3. 您的学历？

A. 小学　　B. 初中　　C. 高中或中专　　D. 本科或大专

E. 其他

4. 您的村内职务？

5. 您所在村落的村干部是怎样产生的？

A. 乡镇任命　　B. 乡镇提名与村民推荐相结合

C. 村民无记名投票选举　　D. 其他

6. 您所在的村除村委会和村党支部外还有哪些组织？（多选）

A. 村民代表大会　　B. 群团组织

C. 宗族组织　　D. 老年协会

E. 妇女协会　　F. 文艺队

G. 红白事理事会　　H. 企业

I. 经济类合作社　　J. 社区服务站等公益性组织

K. 其他

7. 您对近五年来乡村经济发展情况的认识（请在对应描述符合您真实感受的数字上划“√”）。

项目	不同意	比较不同意	比较同意	同意	非常同意
乡村经济发展越来越好了	1	2	3	4	5
村民的收入越来越高了	1	2	3	4	5
乡村农副产品产业链得到延伸	1	2	3	4	5
乡村休闲游的游客越来越多了	1	2	3	4	5
农村物流发展更好了	1	2	3	4	5
产业集聚更强了	1	2	3	4	5
政府鼓励创新创业	1	2	3	4	5
乡村与城市的经济差距缩小了	1	2	3	4	5

8. 您对乡村治理情况的认识（请在对应描述符合您真实感受的数字上划“√”）。

项目	不同意	比较不同意	比较同意	同意	非常同意
村“两委”关系更和谐	1	2	3	4	5
村干部选举更公平	1	2	3	4	5
村干部治理能力增强	1	2	3	4	5
乡村民间社会组织增多	1	2	3	4	5
乡村民间社会组织作用变强	1	2	3	4	5
农民参与村务管理积极性高	1	2	3	4	5
农民依法参与村务管理	1	2	3	4	5
村庄精英积极参与村务管理	1	2	3	4	5
乡村宗族势力干扰乡村治理	1	2	3	4	5
乡村黑恶势力妨害乡村治理	1	2	3	4	5

9. 您对乡风文明建设情况的认识（请在对应描述符合您真实感受的数字上划“√”）。

项目	不同意	比较不同意	比较同意	同意	非常同意
村民遵守规章制度	1	2	3	4	5
村民互帮互助、和谐友爱	1	2	3	4	5
村民孝老爱亲	1	2	3	4	5
村民重视子女教育	1	2	3	4	5
村民以勤劳致富为荣，以好逸恶劳为耻	1	2	3	4	5
村民互相攀比	1	2	3	4	5

10. 您对乡村生态文明建设情况的认识（请在对应描述符合您真实感受的数字上划“√”）。

项目	不同意	比较不同意	比较同意	同意	非常同意
乡村水、大气、土壤等污染得到改善	1	2	3	4	5
乡村环境比以前整洁	1	2	3	4	5
乡村有垃圾集中处理池	1	2	3	4	5
乡村有专人保洁	1	2	3	4	5
乡村退耕还林稳步推进	1	2	3	4	5

11. 您对乡村社会生活情况的认识（请在对应描述符合您真实感受的数字上划“√”）。

项目	不同意	比较不同意	比较同意	同意	非常同意
乡村水、电、气、网、路等公共设施建设更好了	1	2	3	4	5
乡村水利设施等生产性基础设施建设更好了	1	2	3	4	5
村民文化生活丰富了	1	2	3	4	5
乡村文娱公共设施增多	1	2	3	4	5
乡村社会保障制度更好了	1	2	3	4	5
乡村教育、医疗等公共服务更好了	1	2	3	4	5

12. 您所在的村有哪些创新性的治理举措?

A. 一事一议 B. 阳光村务 C. 第一书记驻村

D. 产村结合 F. 农旅结合

13. 您认为当前乡村治理起主要作用的主体有哪些?(最多选三项)

A. 乡政府 B. 村委会 C. 村党支部

D. 民间社会组织 E. 乡村精英 F. 乡村群众

14. 您认为造成乡村治理不利的因素有哪些?(多选)

A. 乡镇派的任务太多 B. 村干部心不齐 C. 村干部能力不强

D. 乡村精英流失 E. 村民参与度不高 F. 村民不遵守法规制度

G. 宗族势力拉帮结派干预村务 H. 乡村黑恶势力的妨碍

I. 村集体经费不足 J. 其他

15. 您认为乡村治理问题产生的原因有哪些?(多选)

A. 相关法律制度的不完善 B. 城乡经济发展差距大

C. 乡村治理主体权责划分不清 D. 村财乡管

E. 传统宗族观念的延续 F. 乡村法治化程度低

G. 农民文化程度不高 H. 村民表达渠道不畅 I. 其他

16. 您认为当前可有效提升乡村治理效能的对策有哪些?(多选)

A. 完善相关法律法规,建设服务型政府

B. 明确基层行政权与村民自治权的界限

C. 明确村“两委”职责,改善村“两委”关系

D. 培养村民的参政意识 E. 畅通农民利益表达渠道

F. 培育和壮大民间组织 G. 改革乡村公共财政体制

H. 打击乡村黑恶势力 I. 削弱乡村宗族势力影响力

J. 完善村规民约 K. 其他

17. 请谈谈您对如何实现乡村振兴产业兴旺、生态宜居、乡风文明、治理有效、生活富裕“五位一体”战略要求的理解?

附录 2

乡村振兴与乡村治理访谈提纲

1. 请问您了解乡村振兴的内容、目标任务吗？
2. 您认为乡村治理的主体是谁（有哪些）？
3. 根据您了解的情况，乡村治理中普通群众的参与情况如何？
4. 您认为乡村治理最关键应该解决什么问题？
5. 在乡村振兴战略实施前后，乡村治理发生了哪些变化？
6. 您所在的村镇，在乡村治理方面取得了哪些成效？
7. 您认为当前乡村治理面临哪些困境？主要原因是什么？
8. 村“两委”在乡村治理中应该发挥什么作用？
9. 关于村民自治，您怎么看（从国家政策和具体实践两方面谈）？
10. 您认为应该怎样完善乡村治理？有哪些具体建议？

附录 3

课题组调研照片

课题组在成都市金堂县五凤镇调研

课题组在成都市蒲江县甘溪镇明月村调研

课题组在雅安市宝兴县蜂桶寨乡戴维新村调研

课题组在雅安市天全县多功社区调研

课题组在雅安市芦山县龙门镇调研

课题组在雅安市芦山县飞仙关镇调研

课题组在雅安市汉源县九襄镇三强村调研

课题组在资阳市安岳县龙台镇塔湾村调研

附录 4

《乡村振兴战略规划（2018—2022 年）》节选

前　　言

党的十九大提出实施乡村振兴战略，是以习近平同志为核心的党中央着眼党和国家事业全局，深刻把握现代化建设规律和城乡关系变化特征，顺应亿万农民对美好生活的向往，对“三农”工作作出的重大决策部署，是决胜全面建成小康社会、全面建设社会主义现代化国家的重大历史任务，是新时代做好“三农”工作的总抓手。从党的十九大到二十大，是“两个一百年”奋斗目标的历史交汇期，既要全面建成小康社会、实现第一个百年奋斗目标，又要乘势而上开启全面建设社会主义现代化国家新征程，向第二个百年奋斗目标进军。为贯彻落实党的十九大、中央经济工作会议、中央农村工作会议精神和政府工作报告要求，描绘好战略蓝图，强化规划引领，科学有序推动乡村产业、人才、文化、生态和组织振兴，根据《中共中央、国务院关于实施乡村振兴战略的意见》，特编制《乡村振兴战略规划（2018—2022 年）》。

本规划以习近平总书记关于“三农”工作的重要论述为指导，按照产业兴旺、生态宜居、乡风文明、治理有效、生活富裕的总要求，对实施乡村振兴战略作出阶段性谋划，分别明确至 2020 年全面建成小康社会和 2022 年召开党的二十大时的目标任务，细化实化工作重点和政策措施，部署重大工程、重大计划、重大行动，确保乡村振兴战略落实落地，是指导各地区各部门分类有序推进乡村振兴的重要依据。

第一篇　规划背景

党的十九大作出中国特色社会主义进入新时代的科学论断，提出实施乡村振兴战略的重大历史任务，在我国“三农”发展进程中具有划时代的里程碑意义，必须深入贯彻习近平新时代中国特色社会主义思想和党的十九大精神，在认真总结农业农村发展历史性成就和历史性变革的基础上，准确研判经济社会发展趋势和乡村演变发展态势，切实抓住历史机遇，增强责任感、使命感、紧迫感，把乡村振兴战略实施好。

第一章　重大意义

乡村是具有自然、社会、经济特征的地域综合体，兼具生产、生活、生态、文化等多重功能，与城镇互促互进、共生共存，共同构成人类活动的主要空间。乡村兴则国家兴，乡村衰则国家衰。我国人民日益增长的美好生活需要和不平衡不充分的发展之间的矛盾在乡村最为突出，我国仍处于并将长期处于社会主义初级阶段的特征很大程度上表现在乡村。全面建成小康社会和全面建设社会主义现代化强国，最艰巨最繁重的任务在农村，最广泛最深厚的基础在农村，最大的潜力和后劲也在农村。实施乡村振兴战略，是解决新时代我国社会主要矛盾、实现“两个一百年”奋斗目标和中华民族伟大复兴中国梦的必然要求，具有重大现实意义和深远历史意义。

实施乡村振兴战略是建设现代化经济体系的重要基础。农业是国民经济的基础，农村经济是现代化经济体系的重要组成部分。乡村振兴，产业兴旺是重点。实施乡村振兴战略，深化农业供给侧结构性改革，构建现代农业产业体系、生产体系、经营体系，实现农村一二三产业深度融合发展，有利于推动农业从增产导向转向提质导向，增强我国农业创新力和竞争力，为建设现代化经济体系奠定坚实基础。

实施乡村振兴战略是建设美丽中国的关键举措。农业是生态产品的重要供给者，乡村是生态涵养的主体区，生态是乡村最大的发展优势。乡村振兴，生态宜居是关键。实施乡村振兴战略，统筹山水林田湖草系统治理，加快推行乡村绿色发展方式，加强农村人居环境整治，有利于构建人与自然和谐共生的乡村发展新格局，实现百姓富、生态美的统一。

实施乡村振兴战略是传承中华优秀传统文化的有效途径。中华文明根植于农耕文化，乡村是中华文明的基本载体。乡村振兴，乡风文明是保障。实施乡村振兴战略，深入挖掘农耕文化蕴含的优秀思想观念、人文精神、道德规范，结合时代要求在保护传承的基础上创造性转化、创新性发展，有利于在新时代焕发出乡风文明的新气象，进一步丰富和传承中华优秀传统文化。

实施乡村振兴战略是健全现代社会治理格局的固本之策。社会治理的基础在基层，薄弱环节在乡村。乡村振兴，治理有效是基础。实施乡村振兴战略，加强农村基层基础工作，健全乡村治理体系，确保广大农民安居乐业、农村社会安定有序，有利于打造共建共治共享的现代社会治理格局，推进国家治理体系和治理能力现代化。

实施乡村振兴战略是实现全体人民共同富裕的必然选择。农业强不强、农村美不美、农民富不富，关乎亿万农民的获得感、幸福感、安全感，关乎全面建成小康社会全局。乡村振兴，生活富裕是根本。实施乡村振兴战略，不断拓宽农民增收渠道，全面改善农村生产生活条件，促进社会公平正义，有利于增进农民福祉，让亿万农民走上共同富裕的道路，汇聚起建设社会主义现代化强国的磅礴力量。

第二篇　总体要求

按照到 2020 年实现全面建成小康社会和分两个阶段实现第二个百年奋斗目标的战略部署，2018 年至 2022 年这 5 年间，既要在农村实现全面小康，又要为基本实现农业农村现代化开好局、起好步、打好基础。

第四章　指导思想和基本原则

第一节　指导思想

深入贯彻习近平新时代中国特色社会主义思想，深入贯彻党的十九大和十九届二中、三中全会精神，加强党对“三农”工作的全面领导，坚持稳中求进工作总基调，牢固树立新发展理念，落实高质量发展要求，紧紧围绕统筹推进“五位一体”总体布局和协调推进“四个全面”战略布局，坚持把解决好“三农”问题作为全党工作重中之重，坚持农业农村优先发展，按照产业兴旺、生态宜居、乡风文明、治理有效、生活富裕的总要求，建立健全城乡融合发展体制机制和政策体系，统筹推进农村经济建设、政治建设、文化建设、社会建设、生态文明建设和党的建设，加快推进乡村治理体系和治理能力现代化，加快推进农业农村现代化，走中国特色社会主义乡村振兴道路，让农业成为有奔头的产业，让农民成为有吸引力的职业，让农村成为安居乐业的美丽家园。

第二节 基本原则

——坚持党管农村工作。毫不动摇地坚持和加强党对农村工作的领导，健全党管农村工作方面的领导体制机制和党内法规，确保党在农村工作中始终总揽全局、协调各方，为乡村振兴提供坚强有力的政治保障。

——坚持农业农村优先发展。把实现乡村振兴作为全党的共同意志、共同行动，做到认识统一、步调一致，在干部配备上优先考虑，在要素配置上优先满足，在资金投入上优先保障，在公共服务上优先安排，加快补齐农业农村短板。

——坚持农民主体地位。充分尊重农民意愿，切实发挥农民在乡村振兴中的主体作用，调动亿万农民的积极性、主动性、创造性，把维护农民群众根本利益、促进农民共同富裕作为出发点和落脚点，促进农民持续增收，不断提升农民的获得感、幸福感、安全感。

——坚持乡村全面振兴。准确把握乡村振兴的科学内涵，挖掘乡村多种功能和价值，统筹谋划农村经济建设、政治建设、文化建设、社会建设、生态文明建设和党的建设，注重协同性、关联性，整体部署，协调推进。

——坚持城乡融合发展。坚决破除体制机制弊端，使市场在资源配置中起决定性作用，更好发挥政府作用，推动城乡要素自由流动、平等交换，推动新型工业化、信息化、城镇化、农业现代化同步发展，加快形成工农互促、城乡互补、全面融合、共同繁荣的新型工农城乡关系。

——坚持人与自然和谐共生。牢固树立和践行绿水青山就是金山银山的理念，落实节约优先、保护优先、自然恢复为主的方针，统筹山水林田湖草系统治理，严守生态保护红线，以绿色发展引领乡村振兴。

——坚持改革创新、激发活力。不断深化农村改革，扩大农业对外开放，激活主体、激活要素、激活市场，调动各方力量投身乡村振兴。以科技创新引领和支撑乡村振兴，以人才汇聚推动和保障乡村振兴，增强农业农村自我发展动力。

——坚持因地制宜、循序渐进。科学把握乡村的差异性和发展走势分化特征，做好顶层设计，注重规划先行、因势利导，分类施策、突出重点，体现特色、丰富多彩。既尽力而为，又量力而行，不搞层层加码，不搞一刀切，不搞形式主义和形象工程，久久为功，扎实推进。

第五章 发展目标

到2020年，乡村振兴的制度框架和政策体系基本形成，各地区各部门乡村振兴的思路举措得以确立，全面建成小康社会的目标如期实现。到 2022 年，乡村振兴的制度框架和政策体系初步健全。国家粮食安全保障水平进一步提高，现代农业体系初步构建，农业绿色发展全面推进；农村一二三产业融合发展格局初步形成，乡村产业加快发展，农民收入水平进一步提高，脱贫攻坚成果得到进一步巩固；农村基础设施条件持续改善，城乡统一的社会保障制度体系基本建立；农村人居环境显著改善，生态宜居的美丽乡村建设扎实推进；城乡融合发展体制机制初步建立，农村基本公共服务水平进一步提升；乡村优秀传统文化得以传承和发展，农民精神文化生活需求基本得到满足；以党组织为核心的农村基层组织建设明显加强，乡村治理能力进一步提升，现代乡村治理体系初步构建。探索形成一批各具特色的乡村振兴模式和经验，乡村振兴取得阶段性成果。

第六章　远景谋划

到 2035 年，乡村振兴取得决定性进展，农业农村现代化基本实现。农业结构得到根本性改善，农民就业质量显著提高，相对贫困进一步缓解，共同富裕迈出坚实步伐；城乡基本公共服务均等化基本实现，城乡融合发展体制机制更加完善；乡风文明达到新高度，乡村治理体系更加完善；农村生态环境根本好转，生态宜居的美丽乡村基本实现。

到 2050 年，乡村全面振兴，农业强、农村美、农民富全面实现。

第八篇　健全现代乡村治理体系

把夯实基层基础作为固本之策，建立健全党委领导、政府负责、社会协同、公众参与、法治保障的现代乡村社会治理体制，推动乡村组织振兴，打造充满活力、和谐有序的善治乡村。

第二十五章　加强农村基层党组织对乡村振兴的全面领导

以农村基层党组织建设为主线，突出政治功能，提升组织力，把农村基层党组织建成宣传党的主张、贯彻党的决定、领导基层治理、团结动员群众、推动改革发展的坚强战斗堡垒。

第一节　健全以党组织为核心的组织体系

坚持农村基层党组织领导核心地位，大力推进村党组织书记通过法定程序担任村民委员会主任和集体经济组织、农民合作组织负责人，推行村“两委”班子成员交叉任职；提倡由非村民委员会成员的村党组织班子成员或党员担任村务监督委员会主任；村民委员会成员、村民代表中党员应当占一定比例。在以建制村为基本单元设置党组织的基础上，创新党组织设置。推动农村基层党组织和党员在脱贫攻坚和乡村振兴中提高威信、提升影响。加强农村新型经济组织和社会组织的党建工作，引导其始终坚持为农民服务的正确方向。

第二节　加强农村基层党组织带头人队伍建设

实施村党组织带头人整体优化提升行动。加大从本村致富能手、外出务工经商人员、本乡本土大学毕业生、复员退伍军人中培养选拔力度。以县为单位，逐村摸排分析，对村党组织书记集中调整优化，全面实行县级备案管理。健全从优秀村党组织书记中选拔乡镇领导干部、考录乡镇公务员、招聘乡镇事业编制人员机制。通过本土人才回引、院校定向培养、县乡统筹招聘等渠道，每个村储备一定数量的村级后备干部。全面向贫困村、软弱涣散村和集体经济薄弱村党组织派出第一书记，建立长效机制。

第三节　加强农村党员队伍建设

加强农村党员教育、管理、监督，推进“两学一做”学习教育常态化制度化，教育引导广大党员自觉用习近平新时代中国特色社会主义思想武装头脑。严格党的组织生活，全面落实“三会一课”、主题党日、谈心谈话、民主评议党员、党员联系农户等制度。加强农村流动党员管理。注重发挥无职党员作用。扩大党内基层民主，推进党务公开。加强党内激励关怀帮扶，定期走访慰问农村老党员、生活困难党员，帮助解决实际困难。稳妥有序开展不合格党员组织处置工作。加大在青年农民、外出务工人员、妇女中发展党员力度。

第四节　强化农村基层党组织建设责任与保障

推动全面从严治党向纵深发展、向基层延伸，严格落实各级党委尤其是县级党委主体责任，进一步压实县乡纪委监督责任，将抓党建促脱贫攻坚、促乡村振兴情况作为每年市县乡党委书记抓基层党建述职评议考核的重要内容，纳入巡视、巡察工作内容，作为领导班子综合评价和选拔任用领导干部的重要依据。坚持抓乡促村，整乡推进、整县提升，加强基本组织、基本队伍、基本制度、基本活动、基本保障建设，持续整顿软弱涣散村党组织。加强农村基层党风廉政建设，强化农村基层干部和党员的日常教育管理监督，加强对《农村基层干部廉洁履行职责若干规定（试行）》执行情况的监督检查，弘扬新风正气，抵制歪风邪气。充分发挥纪检监察机关在督促相关职能部门抓好中央政策落实方面的作用，加强对落实情况特别是涉农资金拨付、物资调配等工作的监督，开展扶贫领域腐败和作风问题专项治理，严厉打击农村基层黑恶势力和涉黑涉恶腐败及“保护伞”，严肃查处发生在惠农资金、征地拆迁、生态环保和农村“三资”管理领域的违纪违法问题，坚决纠正损害农民利益的行为，严厉整治群众身边腐败问题。全面执行以财政投入为主的稳定的村级组织运转经费保障政策。满怀热情关心关爱农村基层干部，政治上激励、工作上支持、待遇上保障、心理上关怀。重视发现和树立优秀农村基层干部典型，彰显榜样力量。

第二十六章　促进自治法治德治有机结合

坚持自治为基、法治为本、德治为先，健全和创新村党组织领导的充满活力的村民自治机制，强化法律权威地位，以德治滋养法治、涵养自治，让德治贯穿乡村治理全过程。

第一节　深化村民自治实践

加强农村群众性自治组织建设。完善农村民主选举、民主协商、民主决策、民主管理、民主监督制度。规范村民委员会等自治组织选举办法，健全民主决策程序。依托村民会议、村民代表会议、村民议事会、村民理事会等，形成民事民议、民事民办、民事民管的多层次基层协商格局。创新村民议事形式，完善议事决策主体和程序，落实群众知情权和决策权。全面建立健全村务监督委员会，健全务实管用的村务监督机制，推行村级事务阳光工程。充分发挥自治章程、村规民约在农村基层治理中的独特功能，弘扬公序良俗。继续开展以村民小组或自然村为基本单元的村民自治试点工作。加强基层纪委监委对村民委员会的联系和指导。

第二节 推进乡村法治建设

深入开展“法律进乡村”宣传教育活动，提高农民法治素养，引导干部群众尊法学法守法用法。增强基层干部法治观念、法治为民意识，把政府各项涉农工作纳入法治化轨道。维护村民委员会、农村集体经济组织、农村合作经济组织的特别法人地位和权利。深入推进综合行政执法改革向基层延伸，创新监管方式，推动执法队伍整合、执法力量下沉，提高执法能力和水平。加强乡村人民调解组织建设，建立健全乡村调解、县市仲裁、司法保障的农村土地承包经营纠纷调处机制。健全农村公共法律服务体系，加强对农民的法律援助、司法救助和公益法律服务。深入开展法治县（市、区）、民主法治示范村等法治创建活动，深化农村基层组织依法治理。

第三节 提升乡村德治水平

深入挖掘乡村熟人社会蕴含的道德规范，结合时代要求进行创新，强化道德教化作用，引导农民向上向善、孝老爱亲、重义守信、勤俭持家。建立道德激励约束机制，引导农民自我管理、自我教育、自我服务、自我提高，实现家庭和睦、邻里和谐、干群融洽。积极发挥新乡贤作用。深入推进移风易俗，开展专项文明行动，遏制大操大办、相互攀比、“天价彩礼”、厚葬薄养等陈规陋习。加强无神论宣传教育，抵制封建迷信活动。深化农村殡葬改革。

第四节 建设平安乡村

健全落实社会治安综合治理领导责任制，健全农村社会治安防控体系，推动社会治安防控力量下沉，加强农村群防群治队伍建设。深入开展扫黑除恶专项斗争。依法加大对农村非法宗教、邪教活动打击力度，严防境外渗透，继续整治农村乱建宗教活动场所、滥塑宗教造像。完善县乡村三级综治中心功能和运行机制。健全农村公共安全体系，持续开展农村安全隐患治理。加强农村警务、消防、安全生产工作，坚决遏制重特大安全事故。健全矛盾纠纷多元化解机制，深入排查化解各类矛盾纠纷，全面推广“枫桥经验”，做到小事不出村、大事不出乡（镇）。落实乡镇政府农村道路交通安全监督管理责任，探索实施“路长制”。探索以网格化管理为抓手，推动基层服务和管理精细化精准化。推进农村“雪亮工程”建设。

第二十七章 夯实基层政权

科学设置乡镇机构，构建简约高效的基层管理体制，健全农村基层服务体系，夯实乡村治理基础。

第一节 加强基层政权建设

面向服务人民群众合理设置基层政权机构、调配人力资源，不简单照搬上级机关设置模式。根据工作需要，整合基层审批、服务、执法等方面力量，统筹机构编制资源，整合相关职能设立综合性机构，实行扁平化和网格化管理。推动乡村治理重心下移，尽可能把资源、服务、管理下放到基层。加强乡镇领导班子建设，有计划地选派省市县机关部门有发展潜力的年轻干部到乡镇任职。加大从优秀选调生、乡镇事业编制人员、优秀村干部、大学生村官中选拔乡镇领导班子成员力度。加强边境地区、民族地区农村基层政权建设相关工作。

第二节　创新基层管理体制机制

明确县乡财政事权和支出责任划分，改进乡镇财政预算管理制度。推进乡镇协商制度化、规范化建设，创新联系服务群众工作方法。推进直接服务民生的公共事业部门改革，改进服务方式，最大限度方便群众。推动乡镇政务服务事项一窗式办理、部门信息系统一平台整合、社会服务管理大数据一口径汇集，不断提高乡村治理智能化水平。健全监督体系，规范乡镇管理行为。改革创新考评体系，强化以群众满意度为重点的考核导向。严格控制对乡镇设立不切实际的“一票否决”事项。

第三节　健全农村基层服务体系

制定基层政府在村（农村社区）治理方面的权责清单，推进农村基层服务规范化标准化。整合优化公共服务和行政审批职责，打造“一门式办理”“一站式服务”的综合服务平台。在村庄普遍建立网上服务站点，逐步形成完善的乡村便民服务体系。大力培育服务性、公益性、互助性农村社会组织，积极发展农村社会工作和志愿服务。开展农村基层减负工作，集中清理对村级组织考核评比多、创建达标多、检查督查多等突出问题。

第九篇　保障和改善农村民生

坚持人人尽责、人人享有，围绕农民群众最关心最直接最现实的利益问题，加快补齐农村民生短板，提高农村美好生活保障水平，让农民群众有更多实实在在的获得感、幸福感、安全感。

第二十八章　加强农村基础设施建设

继续把基础设施建设重点放在农村，持续加大投入力度，加快补齐农村基础设施短板，促进城乡基础设施互联互通，推动农村基础设施提档升级。

第一节　改善农村交通物流设施条件

以示范县为载体全面推进“四好农村路”建设，深化农村公路管理养护体制改革，健全管理养护长效机制，完善安全防护设施，保障农村地区基本出行条件。推动城市公共交通线路向城市周边延伸，鼓励发展镇村公交，实现具备条件的建制村全部通客车。加大对革命老区、民族地区、边疆地区、贫困地区铁路公益性运输的支持力度，继续开好“慢火车”。加快构建农村物流基础设施骨干网络，鼓励商贸、邮政、快递、供销、运输等企业加大在农村地区的设施网络布局。加快完善农村物流基础设施末端网络，鼓励有条件的地区建设面向农村地区的共同配送中心。

第二节　加强农村水利基础设施网络建设

构建大中小微结合、骨干和田间衔接、长期发挥效益的农村水利基础设施网络，着力提高节水供水和防洪减灾能力。科学有序推进重大水利工程建设，加强灾后水利薄弱环节建设，统筹推进中小型水源工程和抗旱应急能力建设。巩固提升农村饮水安全保障水平，开展大中型灌区续建配套节水改造与现代化建设，有序新建一批节水型、生态型灌区，实施大中型灌排泵站更新改造。推进小型农田水利设施达标提质，实施水系连通和河塘清淤整治等工程建设。推进智慧水利建设。深化农村水利工程产权制度与管理体制改革，健全基层水利服务体系，促进工程长期良性运行。

第三节　构建农村现代能源体系

优化农村能源供给结构，大力发展太阳能、浅层地热能、生物质能等，因地制宜开发利用水能和风能。完善农村能源基础设施网络，加快新一轮农村电网升级改造，推动供气设施向农村延伸。加快推进生物质热电联产、生物质供热、规模化生物质天然气和规模化大型沼气等燃料清洁化工程。推进农村能源消费升级，大幅提高电能在农村能源消费中的比重，加快实施北方农村地区冬季清洁取暖，积极稳妥推进散煤替代。推广农村绿色节能建筑和农用节能技术、产品。大力发展“互联网＋”智慧能源，探索建设农村能源革命示范区。

第四节　夯实乡村信息化基础

深化电信普遍服务，加快农村地区宽带网络和第四代移动通信网络覆盖步伐。实施新一代信息基础设施建设工程。实施数字乡村战略，加快物联网、地理信息、智能设备等现代信息技术与农村生产生活的全面深度融合，深化农业农村大数据创新应用，推广远程教育、远程医疗、金融服务进村等信息服务，建立空间化、智能化的新型农村统计信息系统。在乡村信息化基础设施建设过程中，同步规划、同步建设、同步实施网络安全工作。

第二十九章　提升农村劳动力就业质量

坚持就业优先战略和积极就业政策，健全城乡均等的公共就业服务体系，不断提升农村劳动者素质，拓展农民外出就业和就地就近就业空间，实现更高质量和更充分就业。

第一节　拓宽转移就业渠道

增强经济发展创造就业岗位能力，拓宽农村劳动力转移就业渠道，引导农村劳动力外出就业，更加积极地支持就地就近就业。发展壮大县域经济，加快培育区域特色产业，拓宽农民就业空间。大力发展吸纳就业能力强的产业和企业，结合新型城镇化建设合理引导产业梯度转移，创造更多适合农村劳动力转移就业的机会，推进农村劳动力转移就业示范基地建设。加强劳务协作，积极开展有组织的劳务输出。实施乡村就业促进行动，大力发展乡村特色产业，推进乡村经济多元化，提供更多就业岗位。结合农村基础设施等工程建设，鼓励采取以工代赈方式就近吸纳农村劳动力务工。

第二节　强化乡村就业服务

健全覆盖城乡的公共就业服务体系，提供全方位公共就业服务。加强乡镇、行政村基层平台建设，扩大就业服务覆盖面，提升服务水平。开展农村劳动力资源调查统计，建立农村劳动力资源信息库并实行动态管理。加快公共就业服务信息化建设，打造线上线下一体的服务模式。推动建立覆盖城乡全体劳动者、贯穿劳动者学习工作终身、适应就业和人才成长需要的职业技能培训制度，增强职业培训的针对性和有效性。在整合资源基础上，合理布局建设一批公共实训基地。

第三节　完善制度保障体系

推动形成平等竞争、规范有序、城乡统一的人力资源市场，建立健全城乡劳动者平等就业、同工同酬制度，提高就业稳定性和收入水平。健全人力资源市场法律法规体系，依法保障农村劳动者和用人单位合法权益。完善政府、工会、企业共同参与的协调协商机制，构建和谐劳动关系。落实就业服务、人才激励、教育培训、资金奖补、金融支持、社会保险等就业扶持相关政策。加强就业援助，对就业困难农民实行分类帮扶。

第三十章　增加农村公共服务供给

继续把国家社会事业发展的重点放在农村，促进公共教育、医疗卫生、社会保障等资源向农村倾斜，逐步建立健全全民覆盖、普惠共享、城乡一体的基本公共服务体系，推进城乡基本公共服务均等化。

第一节　优先发展农村教育事业

统筹规划布局农村基础教育学校，保障学生就近享有有质量的教育。科学推进义务教育公办学校标准化建设，全面改善贫困地区义务教育薄弱学校基本办学条件，加强寄宿制学校建设，提升乡村教育质量，实现县域校际资源均衡配置。发展农村学前教育，每个乡镇至少办好 1 所公办中心幼儿园，完善县乡村学前教育公共服务网络。继续实施特殊教育提升计划。科学稳妥推行民族地区乡村中小学双语教育，坚定不移推行国家通用语言文字教育。实施高中阶段教育普及攻坚计划，提高高中阶段教育普及水平。大力发展面向农村的职业教育，加快推进职业院校布局结构调整，加强县级职业教育中心建设，有针对性地设置专业和课程，满足乡村产业发展和振兴需要。推动优质学校辐射农村薄弱学校常态化，加强城乡教师交流轮岗。积极发展“互联网＋教育”，推进乡村学校信息化基础设施建设，优化数字教育资源公共服务体系。落实好乡村教师支持计划，继续实施农村义务教育学校教师特设岗位计划，加强乡村学校紧缺学科教师和民族地区双语教师培训，落实乡村教师生活补助政策，建好建强乡村教师队伍。

第二节　推进健康乡村建设

深入实施国家基本公共卫生服务项目，完善基本公共卫生服务项目补助政策，提供基础性全方位全周期的健康管理服务。加强慢性病、地方病综合防控，大力推进农村地区精神卫生、职业病和重大传染病防治。深化农村计划生育管理服务改革，落实全面两孩政策。增强妇幼健康服务能力，倡导优生优育。加强基层医疗卫生服务体系建设，基本实现每个乡镇都有 1 所政府举办的乡镇卫生院，每个行政村都有 1 所卫生室，每个乡镇卫生院都有全科医生，支持中西部地区基层医疗卫生机构标准化建设和设备提档升级。切实加强乡村医生队伍建设，支持并推动乡村医生申请执业（助理）医师资格。全面建立分级诊疗制度，实行差别化的医保支付和价格政策。深入推进基层卫生综合改革，完善基层医疗卫生机构绩效工资制度。开展和规范家庭医生签约服务。树立大卫生大健康理念，广泛开展健康教育活动，倡导科学文明健康的生活方式，养成良好卫生习惯，提升居民文明卫生素质。

第三节 加强农村社会保障体系建设

按照兜底线、织密网、建机制的要求，全面建成覆盖全民、城乡统筹、权责清晰、保障适度、可持续的多层次社会保障体系。进一步完善城乡居民基本养老保险制度，加快建立城乡居民基本养老保险待遇确定和基础养老金标准正常调整机制。完善统一的城乡居民基本医疗保险制度和大病保险制度，做好农民重特大疾病救助工作，健全医疗救助与基本医疗保险、城乡居民大病保险及相关保障制度的衔接机制，巩固城乡居民医保全国异地就医联网直接结算。推进低保制度城乡统筹发展，健全低保标准动态调整机制。全面实施特困人员救助供养制度，提升托底保障能力和服务质量。推动各地通过政府购买服务、设置基层公共管理和社会服务岗位、引入社会工作专业人才和志愿者等方式，为农村留守儿童和妇女、老年人以及困境儿童提供关爱服务。加强和改善农村残疾人服务，将残疾人普遍纳入社会保障体系予以保障和扶持。

第四节 提升农村养老服务能力

适应农村人口老龄化加剧形势，加快建立以居家为基础、社区为依托、机构为补充的多层次农村养老服务体系。以乡镇为中心，建立具有综合服务功能、医养相结合的养老机构，与农村基本公共服务、农村特困供养服务、农村互助养老服务相互配合，形成农村基本养老服务网络。提高乡村卫生服务机构为老年人提供医疗保健服务的能力。支持主要面向失能、半失能老年人的农村养老服务设施建设，推进农村幸福院等互助型养老服务发展，建立健全农村留守老年人关爱服务体系。开发农村康养产业项目。鼓励村集体建设用地优先用于发展养老服务。

第五节 加强农村防灾减灾救灾能力建设

坚持以防为主、防抗救相结合，坚持常态减灾与非常态救灾相统一，全面提高抵御各类灾害综合防范能力。加强农村自然灾害监测预报预警，解决农村预警信息发布“最后一公里”问题。加强防灾减灾工程建设，推进实施自然灾害高风险区农村困难群众危房改造。全面深化森林、草原火灾防控治理。大力推进农村公共消防设施、消防力量和消防安全管理组织建设，改善农村消防安全条件。推进自然灾害救助物资储备体系建设。开展灾害救助应急预案编制和演练，完善应对灾害的政策支持体系和灾后重建工作机制。在农村广泛开展防灾减灾宣传教育。

第十篇 完善城乡融合发展政策体系

顺应城乡融合发展趋势，重塑城乡关系，更好激发农村内部发展活力、优化农村外部发展环境，推动人才、土地、资本等要素双向流动，为乡村振兴注入新动能。

第三十一章 加快农业转移人口市民化

加快推进户籍制度改革，全面实行居住证制度，促进有能力在城镇稳定就业和生活的农业转移人口有序实现市民化。

第一节 健全落户制度

鼓励各地进一步放宽落户条件，除极少数超大城市外，允许农业转移人口在就业地落户，优先解决农村学生升学和参军进入城镇的人口、在城镇就业居住5年以上和举家迁徙的农业转移人口以及新生代农民工落户问题。区分超大城市和特大城市主城区、郊区、新区等区域，分类制定落户政策，重点解决符合条件的普通劳动者落户问题。全面实行居住证制度，确保各地居住证申领门槛不高于国家标准、享受的各项基本公共服务和办事便利不低于国家标准，推进居住证制度覆盖全部未落户城镇常住人口。

第二节　保障享有权益

不断扩大城镇基本公共服务覆盖面，保障符合条件的未落户农民工在流入地平等享受城镇基本公共服务。通过多种方式增加学位供给，保障农民工随迁子女以流入地公办学校为主接受义务教育，以普惠性幼儿园为主接受学前教育。完善就业失业登记管理制度，面向农业转移人口全面提供政府补贴职业技能培训服务。将农业转移人口纳入社区卫生和计划生育服务体系，提供基本医疗卫生服务。把进城落户农民完全纳入城镇社会保障体系，在农村参加的养老保险和医疗保险规范接入城镇社会保障体系，做好基本医疗保险关系转移接续和异地就医结算工作。把进城落户农民完全纳入城镇住房保障体系，对符合条件的采取多种方式满足基本住房需求。

第三节　完善激励机制

维护进城落户农民土地承包权、宅基地使用权、集体收益分配权，引导进城落户农民依法自愿有偿转让上述权益。加快户籍变动与农村“三权”脱钩，不得以退出“三权”作为农民进城落户的条件，促使有条件的农业转移人口放心落户城镇。落实支持农业转移人口市民化财政政策，以及城镇建设用地增加规模与吸纳农业转移人口落户数量挂钩政策，健全由政府、企业、个人共同参与的市民化成本分担机制。

第三十二章　强化乡村振兴人才支撑

实行更加积极、更加开放、更加有效的人才政策，推动乡村人才振兴，让各类人才在乡村大施所能、大展才华、大显身手。

第一节　培育新型职业农民

全面建立职业农民制度，培养新一代爱农业、懂技术、善经营的新型职业农民，优化农业从业者结构。实施新型职业农民培育工程，支持新型职业农民通过弹性学制参加中高等农业职业教育。创新培训组织形式，探索田间课堂、网络教室等培训方式，支持农民专业合作社、专业技术协会、龙头企业等主体承担培训。鼓励各地开展职业农民职称评定试点。引导符合条件的新型职业农民参加城镇职工养老、医疗等社会保障制度。

第二节　加强农村专业人才队伍建设

加大“三农”领域实用专业人才培育力度，提高农村专业人才服务保障能力。加强农技推广人才队伍建设，探索公益性和经营性农技推广融合发展机制，允许农技人员通过提供增值服务合理取酬，全面实施农技推广服务特聘计划。加强涉农院校和学科专业建设，大力培育农业科技、科普人才，深入实施农业科研杰出人才计划和杰出青年农业科学家项目，深化农业系列职称制度改革。

第三节 鼓励社会人才投身乡村建设

建立健全激励机制，研究制定完善相关政策措施和管理办法，鼓励社会人才投身乡村建设。以乡情乡愁为纽带，引导和支持企业家、党政干部、专家学者、医生教师、规划师、建筑师、律师、技能人才等，通过下乡担任志愿者、投资兴业、行医办学、捐资捐物、法律服务等方式服务乡村振兴事业，允许符合要求的公职人员回乡任职。落实和完善融资贷款、配套设施建设补助、税费减免等扶持政策，引导工商资本积极投入乡村振兴事业。继续实施“三区”（边远贫困地区、边疆民族地区和革命老区）人才支持计划，深入推进大学生村官工作，因地制宜实施“三支一扶”、高校毕业生基层成长等计划，开展乡村振兴“巾帼行动”、青春建功行动。建立城乡、区域、校地之间人才培养合作与交流机制。全面建立城市医生教师、科技文化人员等定期服务乡村机制。

第三十三章 加强乡村振兴用地保障

完善农村土地利用管理政策体系，盘活存量，用好流量，辅以增量，激活农村土地资源资产，保障乡村振兴用地需求。

第一节 健全农村土地管理制度

总结农村土地征收、集体经营性建设用地入市、宅基地制度改革试点经验，逐步扩大试点，加快土地管理法修改。探索具体用地项目公共利益认定机制，完善征地补偿标准，建立被征地农民长远生计的多元保障机制。建立健全依法公平取得、节约集约使用、自愿有偿退出的宅基地管理制度。在符合规划和用途管制前提下，赋予农村集体经营性建设用地出让、租赁、入股权能，明确入市范围和途径。建立集体经营性建设用地增值收益分配机制。

第二节 完善农村新增用地保障机制

统筹农业农村各项土地利用活动，乡镇土地利用总体规划可以预留一定比例的规划建设用地指标，用于农业农村发展。根据规划确定的用地结构和布局，年度土地利用计划分配中可安排一定比例新增建设用地指标专项支持农业农村发展。对于农业生产过程中所需各类生产设施和附属设施用地，以及由于农业规模经营必须兴建的配套设施，在不占用永久基本农田的前提下，纳入设施农用地管理，实行县级备案。鼓励农业生产与村庄建设用地复合利用，发展农村新产业新业态，拓展土地使用功能。

第三节 盘活农村存量建设用地

完善农民闲置宅基地和闲置农房政策，探索宅基地所有权、资格权、使用权“三权分置”，落实宅基地集体所有权，保障宅基地农户资格权和农民房屋财产权，适度放活宅基地和农民房屋使用权，不得违规违法买卖宅基地，严格实行土地用途管制，严格禁止下乡利用农村宅基地建设别墅大院和私人会馆。在符合土地利用总体规划前提下，允许县级政府通过村土地利用规划调整优化村庄用地布局，有效利用农村零星分散的存量建设用地。对利用收储农村闲置建设用地发展农村新产业新业态的，给予新增建设用地指标奖励。

第三十四章 健全多元投入保障机制

健全投入保障制度，完善政府投资体制，充分激发社会投资的动力和活力，加快形成财政优先保障、社会积极参与的多元投入格局。

第一节　继续坚持财政优先保障

建立健全实施乡村振兴战略财政投入保障制度，明确和强化各级政府“三农”投入责任，公共财政更大力度向“三农”倾斜，确保财政投入与乡村振兴目标任务相适应。规范地方政府举债融资行为，支持地方政府发行一般债券用于支持乡村振兴领域公益性项目，鼓励地方政府试点发行项目融资和收益自平衡的专项债券，支持符合条件、有一定收益的乡村公益性建设项目。加大政府投资对农业绿色生产、可持续发展、农村人居环境、基本公共服务等重点领域和薄弱环节支持力度，充分发挥投资对优化供给结构的关键性作用。充分发挥规划的引领作用，推进行业内资金整合与行业间资金统筹相互衔接配合，加快建立涉农资金统筹整合长效机制。强化支农资金监督管理，提高财政支农资金使用效益。

第二节　提高土地出让收益用于农业农村比例

开拓投融资渠道，健全乡村振兴投入保障制度，为实施乡村振兴战略提供稳定可靠资金来源。坚持取之于地，主要用之于农的原则，制定调整完善土地出让收入使用范围、提高农业农村投入比例的政策性意见，所筹集资金用于支持实施乡村振兴战略。改进耕地占补平衡管理办法，建立高标准农田建设等新增耕地指标和城乡建设用地增减挂钩节余指标跨省域调剂机制，将所得收益通过支出预算全部用于巩固脱贫攻坚成果和支持实施乡村振兴战略。

第三节　引导和撬动社会资本投向农村

优化乡村营商环境，加大农村基础设施和公用事业领域开放力度，吸引社会资本参与乡村振兴。规范有序盘活农业农村基础设施存量资产，回收资金主要用于补短板项目建设。继续深化“放管服”改革，鼓励工商资本投入农业农村，为乡村振兴提供综合性解决方案。鼓励利用外资开展现代农业、产业融合、生态修复、人居环境整治和农村基础设施等建设。推广一事一议、以奖代补等方式，鼓励农民对直接受益的乡村基础设施建设投工投劳，让农民更多参与建设管护。

第三十五章　加大金融支农力度

健全适合农业农村特点的农村金融体系，把更多金融资源配置到农村经济社会发展的重点领域和薄弱环节，更好满足乡村振兴多样化金融需求。

第一节　健全金融支农组织体系

发展乡村普惠金融。深入推进银行业金融机构专业化体制机制建设，形成多样化农村金融服务主体。指导大型商业银行立足普惠金融事业部等专营机制建设，完善专业化的“三农”金融服务供给机制。完善中国农业银行、中国邮政储蓄银行“三农”金融事业部运营体系，明确国家开发银行、中国农业发展银行在乡村振兴中的职责定位，加大对乡村振兴信贷支持。支持中小型银行优化网点渠道建设，下沉服务重心。推动农村信用社省联社改革，保持农村信用社县域法人地位和数量总体稳定，完善村镇银行准入条件。引导农民合作金融健康有序发展。鼓励证券、保险、担保、基金、期货、租赁、信托等金融资源聚焦服务乡村振兴。

第二节 创新金融支农产品和服务

加快农村金融产品和服务方式创新，持续深入推进农村支付环境建设，全面激活农村金融服务链条。稳妥有序推进农村承包土地经营权、农民住房财产权、集体经营性建设用地使用权抵押贷款试点。探索县级土地储备公司参与农村承包土地经营权和农民住房财产权“两权”抵押试点工作。充分发挥全国信用信息共享平台和金融信用信息基础数据库的作用，探索开发新型信用类金融支农产品和服务。结合农村集体产权制度改革，探索利用量化的农村集体资产股权的融资方式。提高直接融资比重，支持农业企业依托多层次资本市场发展壮大。创新服务模式，引导持牌金融机构通过互联网和移动终端提供普惠金融服务，促进金融科技与农村金融规范发展。

第三节 完善金融支农激励政策

继续通过奖励、补贴、税收优惠等政策工具支持“三农”金融服务。抓紧出台金融服务乡村振兴的指导意见。发挥再贷款、再贴现等货币政策工具的引导作用，将乡村振兴作为信贷政策结构性调整的重要方向。落实县域金融机构涉农贷款增量奖励政策，完善涉农贴息贷款政策，降低农户和新型农业经营主体的融资成本。健全农村金融风险缓释机制，加快完善“三农”融资担保体系。充分发挥好国家融资担保基金的作用，强化担保融资增信功能，引导更多金融资源支持乡村振兴。制定金融机构服务乡村振兴考核评估办法。改进农村金融差异化监管体系，合理确定金融机构发起设立和业务拓展的准入门槛。守住不发生系统性金融风险底线，强化地方政府金融风险防范处置责任。

第十一篇 规划实施

实行中央统筹、省负总责、市县抓落实的乡村振兴工作机制，坚持党的领导，更好履行各级政府职责，凝聚全社会力量，扎实有序推进乡村振兴。

第三十六章 加强组织领导

坚持党总揽全局、协调各方，强化党组织的领导核心作用，提高领导能力和水平，为实现乡村振兴提供坚强保证。

第一节 落实各方责任

强化地方各级党委和政府在实施乡村振兴战略中的主体责任，推动各级干部主动担当作为。坚持工业农业一起抓、城市农村一起抓，把农业农村优先发展原则体现到各个方面。坚持乡村振兴重大事项、重要问题、重要工作由党组织讨论决定的机制，落实党政一把手是第一责任人、五级书记抓乡村振兴的工作要求。县委书记要当好乡村振兴“一线总指挥”，下大力气抓好“三农”工作。各地区要依照国家规划科学编制乡村振兴地方规划或方案，科学制定配套政策和配置公共资源，明确目标任务，细化实化政策措施，增强可操作性。各部门要各司其职、密切配合，抓紧制定专项规划或指导意见，细化落实并指导地方完成国家规划提出的主要目标任务。建立健全规划实施和工作推进机制，加强政策衔接和工作协调。培养造就一支懂农业、爱农村、爱农民的“三农”工作队伍，带领群众投身乡村振兴伟大事业。

第二节　强化法治保障

各级党委和政府要善于运用法治思维和法治方式推进乡村振兴工作，严格执行现行涉农法律法规，在规划编制、项目安排、资金使用、监督管理等方面，提高规范化、制度化、法治化水平。完善乡村振兴法律法规和标准体系，充分发挥立法在乡村振兴中的保障和推动作用。推动各类组织和个人依法依规实施和参与乡村振兴。加强基层执法队伍建设，强化市场监管，规范乡村市场秩序，有效促进社会公平正义，维护人民群众合法权益。

第三节　动员社会参与

搭建社会参与平台，加强组织动员，构建政府、市场、社会协同推进的乡村振兴参与机制。创新宣传形式，广泛宣传乡村振兴相关政策和生动实践，营造良好社会氛围。发挥工会、共青团、妇联、科协、残联等群团组织的优势和力量，发挥各民主党派、工商联、无党派人士等积极作用，凝聚乡村振兴强大合力。建立乡村振兴专家决策咨询制度，组织智库加强理论研究。促进乡村振兴国际交流合作，讲好乡村振兴的中国故事，为世界贡献中国智慧和中国方案。

第四节　开展评估考核

加强乡村振兴战略规划实施考核监督和激励约束。将规划实施成效纳入地方各级党委和政府及有关部门的年度绩效考评内容，考核结果作为有关领导干部年度考核、选拔任用的重要依据，确保完成各项目标任务。本规划确定的约束性指标以及重大工程、重大项目、重大政策和重要改革任务，要明确责任主体和进度要求，确保质量和效果。加强乡村统计工作，因地制宜建立客观反映乡村振兴进展的指标和统计体系。建立规划实施督促检查机制，适时开展规划中期评估和总结评估。

第三十七章　有序实现乡村振兴

充分认识乡村振兴任务的长期性、艰巨性，保持历史耐心，避免超越发展阶段，统筹谋划，典型带动，有序推进，不搞齐步走。

第一节　准确聚焦阶段任务

在全面建成小康社会决胜期，重点抓好防范化解重大风险、精准脱贫、污染防治三大攻坚战，加快补齐农业现代化短腿和乡村建设短板。在开启全面建设社会主义现代化国家新征程时期，重点加快城乡融合发展制度设计和政策创新，推动城乡公共资源均衡配置和基本公共服务均等化，推进乡村治理体系和治理能力现代化，全面提升农民精神风貌，为乡村振兴这盘大棋布好局。

第二节　科学把握节奏力度

合理设定阶段性目标任务和工作重点，分步实施，形成统筹推进的工作机制。加强主体、资源、政策和城乡协同发力，避免代替农民选择，引导农民摒弃“等靠要”思想，激发农村各类主体活力，激活乡村振兴内生动力，形成系统高效的运行机制。立足当前发展阶段，科学评估财政承受能力、集体经济实力和社会资本动力，依法合规谋划乡村振兴筹资渠道，避免负债搞建设，防止刮风搞运动，合理确定乡村基础设施、公共产品、制度保障等供给水平，形成可持续发展的长效机制。

第三节 梯次推进乡村振兴

科学把握我国乡村区域差异，尊重并发挥基层首创精神，发掘和总结典型经验，推动不同地区、不同发展阶段的乡村有序实现农业农村现代化。发挥引领区示范作用，东部沿海发达地区、人口净流入城市的郊区、集体经济实力强以及其他具备条件的乡村，到 2022 年率先基本实现农业农村现代化。推动重点区加速发展，中小城市和小城镇周边以及广大平原、丘陵地区的乡村，涵盖我国大部分村庄，是乡村振兴的主战场，到 2035 年基本实现农业农村现代化。聚焦攻坚区精准发力，革命老区、民族地区、边疆地区、集中连片特困地区的乡村，到 2050 年如期实现农业农村现代化。

后记

POSTSCRIPT

推进农业农村现代化是全面建设社会主义现代化国家的重大任务，是解决发展不平衡不充分问题的重要举措，是推动农业农村高质量发展的必然选择。“农，天下之大业也。”加强农村基层治理是新时代推进农业农村现代化的必由之路。农村是新时代建设的广阔天地，多角度深层次探索新农村现代化建设路径，不断书写乡村振兴新篇章，奋力实现共同富裕，是党和国家的初心和历史使命。农业是新时代发展的着力点，推动农业集约化和产业化发展，推动农业绿色发展、协调发展，延伸农产品的供应链条，可以为开启全面建设社会主义现代化国家新征程奠定坚实基础。农民是新时代发展的动能，是农村农业现代化的主体保障，培育新型农民，使其掌握农业生产技能和农业市场销售本领，可以为农村农业现代化建设发挥重要力量。

农村基层治理是一项复杂的系统工程。鉴于有限的时间和精力，本书只对我国农村基层治理中的部分课题进行了研究，对于特定领域也只是做了面上的研究。比如在治理主体协调方面，大学生村官和返乡创业大学生有知识、有胆识、有热情、有能力，是农村基层治理中重要的主体力量。本书对大学生村官群体在农村基层治理中的作用，直接纳入村“两委”进行考察，返乡创业大学生群体在项目调研乡村中没有涉及，因此也没有单独作分析研究。另外，关于我国农村基层治理与实现共同富裕的协同关系，也没有单独作分析研究。重任在肩，吾辈自当努力。今后对这些方面的研究需要加强，把相关研究工作做深做细做强，为地方政府和相关部门着力解决“三农”问题出谋划策，为助推乡村振兴、实现乡村善治做出应有的贡献。

舒永久

2022年10月

图书在版编目（CIP）数据

乡村振兴背景下农村治理实践创新研究 / 舒永久，何宇，颜怀坤著. —北京：中国农业出版社，2023.4（2023.9 重印）
ISBN 978-7-109-30559-5

Ⅰ.①乡… Ⅱ.①舒… ②何… ③颜… Ⅲ.①农村－社会管理－研究－中国 Ⅳ.①C912.82

中国国家版本馆 CIP 数据核字（2023）第 056235 号

中国农业出版社出版
地址：北京市朝阳区麦子店街 18 号楼
邮编：100125
责任编辑：潘洪洋　邓琳琳
版式设计：王　晨　　责任校对：刘丽香
印刷：三河市国英印务有限公司
版次：2023 年 4 月第 1 版
印次：2023 年 9 月河北第 2 次印刷
发行：新华书店北京发行所
开本：720mm×960mm　1/16
印张：11.25
字数：208 千字
定价：68.00 元